佐藤昌介とその時代

［増補・復刊］

佐藤昌彦著

北海道大学大学文書館編

北海道大学出版会

本書は社団法人札幌農学振興会の出版助成を得て刊行された

有島生馬「佐藤昌介」(油彩、1912 年、佐藤ユリ氏蔵)

アメリカ留学中(1886 年)

東京英語学校卒業時(1876 年夏)

家族とともに(1890 年代)　昌介、昌植、昌雄、陽、千代

夫人と息子たち(1905 年前後)　陽、昌植、昌彦、昌雄、昌介

笑顔(1930 年代)

自宅前にて(1930 年代)

書斎にて(1930 年代)

『佐藤昌介とその時代』の増補・復刊にあたって

一、本書は、佐藤昌彦『佐藤昌介とその時代』(玄文社、一九四八年一〇月、四六判、二四五頁)に、北海道大学大学文書館において増補を加えて再編集し、復刊したものである。併せて、伝記の補足として、佐藤昌介自身の回想文、逸見勝亮による佐藤昌介関係資料の解読・解説と論文を増補した。

二、第一部は、佐藤昌彦『佐藤昌介とその時代』の本文の翻刻である。著者が夫人カツミ氏に贈った佐藤昌彦『佐藤昌介とその時代』を底本とし、著者自身の書き込みによる誤字訂正を反映したほか、その他の誤字・脱字と文字表記の修正を行なった。また、著者による資料引用部分を原典に則して校正した。著述の内容には著者独自の歴史観・宗教観・社会観が色濃く反映し、現在の歴史学研究の成果とはやや適合しない部分も見られるが、著者の論旨を尊重しそのままとした。

三、第二部は、佐藤昌介が雑誌等に掲載した自身についての回想である。出典は以下の通りである。

（一）「佐藤博士経歴談　札中校友会に於る」（『北海タイムス』一九〇九年三月三日〜一一日）
（二）「憶ひ出の記」（掲載誌不詳、佐藤昌介旧蔵スクラップブック所収）
（三）「友人を思出のまゝ」（『早稲田学報』第四三七号、一九三一年七月）
（四）「三十年前の今日このごろ（一）」（『文武会会報』第五〇号、一九〇七年三月）
（五）「廿五年前迄」（『文武会会報』第六五号、一九一二年四月）

四、第三部は、佐藤昌介がアメリカ留学時代に新聞に掲載した文章を、逸見勝亮が解読・解説した論述である。以下の初出論述を改稿の上、掲載した。
資料紹介「佐藤昌介「米国通信」（『大東日報』）」（『北海道大学大学文書館年報』第三号、二〇〇八年三月）

五、第四部は、佐藤昌介に関する逸見勝亮の論文である。以下の初出論文を改稿の上、掲載した。
「札幌農学校の再編・昇格と佐藤昌介」（『北海道大学大学文書館年報』第二号、二〇〇七年三月）

六、口絵・略年譜は、佐藤昌彦『佐藤昌介とその時代』を参考に、北海道大学大学文書館において大幅に増補改訂をし、新たに主要論著一覧を付け加えた。口絵の出典は以下の通りである。

有島生馬「佐藤昌介」(油彩、一九一二年、佐藤ユリ氏蔵)、二〇一〇年一二月、山本学撮影

「東京英語学校卒業時」(一八七六年夏)、北海道大学附属図書館北方資料室蔵
「アメリカ留学中」(一八八六年)、北海道大学附属図書館北方資料室蔵
「家族とともに」(一八九〇年代)、佐藤カツミ氏・佐藤ユリ氏提供
「夫人と息子たち」(一九〇五年前後)、佐藤カツミ氏・佐藤ユリ氏提供
「自宅前にて」(一九三〇年代)、佐藤カツミ氏・佐藤ユリ氏提供
「笑顔」(一九三〇年代)、佐藤カツミ氏・佐藤ユリ氏提供
「書斎にて」(一九三〇年代)、佐藤カツミ氏・佐藤ユリ氏提供

北海道大学大学文書館

凡　例

一、漢字の旧字・異体字・略字・俗字などは原則として正字に改めた。但し、人名については旧字等を使用した場合がある。

二、歴史的仮名遣いは原則として現代仮名遣いに改めた。但し、第二部・第三部の資料解読、第一部・第四部の資料引用部分については、原典の歴史的仮名遣いのまま表記した。

三、第一部・第二部の全文及び第三部・第四部の資料解読・引用部分に含まれる、現代にそぐわない表現や用語使用については、それぞれの歴史的背景と資料的価値を鑑み、原則としてそのまま表記した。

佐藤昌介とその時代——目　次

第一部　佐藤昌介とその時代　　佐藤昌彦

第二部　回　想　佐藤昌介

第三部　米国通信　佐藤昌介

第四部　札幌農学校の再編・昇格と佐藤昌介

第一部　佐藤昌介とその時代

佐藤昌彦

序　文

先ず私の事から書くのを許して頂きたい。私は明治三十三年に昌介の五男として生れた。末子ではあったが、長兄が若くして死に、次兄が母の生家をつぎ、又他の二人の兄が早く世を去った為に、私だけが父の許に残ったのである。二十歳から二十八歳までは勉学の為に札幌を去って居たが、昭和二年に北海道大学で法律学の講義をするようになってから、ずっと父と共に生活して来た。父が永眠した昭和十四年には私は四十歳であったから、私は三十二年を父と共に暮した事となる。私は此の父との長い生活を基礎として此の父の伝記を書いた。だから本書は父の自伝ではないが、自伝の一種である。何故ならば私は父の書いたもの、父の言った事を中心として、之等を私が父との生活の間に父から伝えられたと私が理解して居る父の考えでつないだ。此の様な伝記の書き方が正しいものであるか否かは私は知らない。此の事は次の二点と共に読者の批判を待つのみである。その二点のうちの第一は、本書で私は時代の動きに重点をおいた事である。運命の動きの大きさに比れば、人間の努力は如何にも取るに足らぬものであろう。而も尚お、人は努力によってその道を開く事が出来る事を信ず可きであろう。大きな偶然と少さな努力とを対比する事が、此の小伝のテーマである。第二の点は、公人としての父の生活だけを描いた事である。子供がその父の伝記を書く時には、多くは他人の知らない家庭の面での叙述が要求される。勿論私にも此の事は不可能ではなく、又そうしなければならないとも考えて居る。然し私は本書では之を敢てしなかった。此の事は次の計画で実現さる可きものと考えたからである。

以上の様な伝記の書き方については、いろいろな批判があるであろうが、ともかく私は、私だけの考えで此の父の伝記を仕上げた。本書を父の死後十年の今年に世に送る事が出来たのは私としては此の上のない喜びである。此の喜びを私に与えたのは玄文社である。此の機会に心から玄文社に感謝の意を表する次第である。

昭和二十三年六月六日

札幌にて　佐藤昌彦

一、年　譜

佐藤昌介の生涯を知り、それから何物かを得る為に、先ず第一に必要な事は、彼が生きて居た時代を理解する事である。所詮人は時代の子である。平穏な波瀾のない時代では、如何なる大才を抱いて居てもその志をのべる事は容易ではなく、又変転常ならない時勢では、平凡な人は、時勢の波のもてあそぶところとなってしまう。大才を抱き大志を蔵し、而もそれらのものを活かす時勢に出合い、そして自らが内に有する所と時の流れとを見極めて、身を処して誤まらざる人こそ先ず偉人傑士と言わる可き人であろう。佐藤昌介がかかる人々の一人であるか否かは、子である私の口からは勿論言えず、又、一般に言って人物の評価は、棺をおうて直ちに定まるものではなく、その後尠くとも数十年の経過が必要であろうから、何れにしても、今は言わる可き事ではない。私はただ機会に恵まれて、父について語るのであるが、先ず父の生きて居た時代と、夫に対して父が如何に身を処して行ったかを述べようと思うのである。父に対する評価は、此の様な企てが成功してから、試みらるべきものであると信ずるからである。さて次にかかげる年譜は、時代と父とのつながりに関する叙述に入る為に、此の小伝に必要と考えたものを抜き書きしたものである。尚詳しい年譜は巻末に付した。

安政　三年　　　　　南部藩士佐藤昌蔵の長男として岩手県花巻に生れた。
明治　四年　十六歳　上京して各所で英学を学んだ。上京前は盛岡に於て漢学を学んだ。
明治　九年　二十一歳　札幌農学校に入りクラーク博士について主として農学を学んだ。此の時から札幌に移った。
明治　十三年　二十五歳　札幌農学校を卒業し農学士となった。
明治　十五年　二十七歳　米国に渡り四年間滞在して農学経済学、歴史を研究しその間欧州に留学した。
明治　十九年　三十一歳　ジョンズ・ホプキンス大学でドクター・オブ・フィロソフィーの学位を得た。帰朝し札幌農学校教授となった。
明治二十七年　三十九歳　札幌農学校校長となった。以後退官まで四十年常にその長としての地位にあった。

昭和　三年　七十三歳　教育者としての又北海道開拓の功によって特に男爵を授けられた。
昭和　五年　七十五歳　北海道帝国大学総長の職を退いた。
昭和　十四年　八十四歳　札幌に於て永眠した。

すべて、人の履歴を読む者は同じ感じを受けるのであろうが夫はそれ等の人々の歩いて来た道が坦々として、何の波瀾もなかった様に見えるという事である。右にかかげた父の年譜も矢張り同様の感を見る人にあたえる事であろう。第一期生として札幌農学校に入り、又当時少数の留学者の一人として米国に学んだ父が、母校にその生涯を送り、札幌農学校が東北帝国大学農科大学となり更に北海道帝国大学と成長するに従って、父の地位も上って行った事は、まことに当然且つ自然に見える。又北海道の開拓は、先ず農業から出発すべきであったから、農学を専攻した父が開拓に身を捧げ、その功績が認められた事も同様に自然に見える。すべてはスタートで定まり、その後はすべては順調に進んで行ったかの如くである。父の星は、日本の星であり、北海道の星であったのであろう。日本が成長し、北海道が進めば、父も亦その光りをまして行ったかの如くである。果してそうであろうか。父はただ幸運の流れに身を投じ時の流れるままに身を浮べて行った人物であろうか。かつては父を守勢の人物と評した人もあった。夫は父がただ此の様な流れに身を浮べた丈けの人物であったという意味であったであろう。勿論、四十何年時の流れに身を浮べる事は容易な事ではない。何よりも異常な健康が要求される。次は強大な意志の力が必要であるであろう。夫等の事は今問わないとしても、何よりも問題としなければならないのは、自分が身を投じた流れが、真に時勢の流れである事を見極め得たか否かの点にあるのではなかろうか。自分が進んで行く所が、時勢に従うものである事を知り得ない者には、その流れは意味がない。かかる人々は一旦は時勢の流れにのっても、直ちに自ら他に転ずる。夫は向う所を知らないからである。それならば、時勢の流れを知り、夫れに身を浮べて生涯を終る事は、凡人には実は出来難い事なのではあるまいか。

此の様な議論はともかくとしよう。父が単に時流に身を浮べた丈けの人物であったとしても、どうしても、問題としなければならないのは、父が如何にして、時勢の流れに身を投じたかと言う点であろう。具体的に言えば、父はどうして札幌農学校の第一期生として札幌に渡ったかが重要な点と言わざるを得ない。何故ならば父の運命は北海道渡来の時に定まったものと言う事が出来るからである。

昭和十四年五月八日即ち永眠の一ヶ月前に、父は札幌放送局から「青少年諸君に告ぐ」と題して放送をして居る。その内容は父がその生涯を顧みた追懐談であるが、主として十五歳から三十一歳迄の生活について述べて居る。此の時期は上に掲げた年譜を見ればすぐ判る通り、盛岡で漢学を学び、上京して英学を学び、転じて札幌に移り更に米国に学び帰って母校に職を奉ずる迄の十五年間なのである。父の長い生活の基礎とスタートの最も重要な時期と考えられるものである。そして此の何人にとっても重大な所謂青年時代に於て、特に重大な事件が父には起って居るのである。父自身も夫を認めて、次の様に述べて居る。夫は父が東京英語学校を卒業した明治九年であった。当時の普通の順序から言えば、それから開成学校(後の東京帝大)に入学して六ヶ年の課程を経て学士となるのである。之は当時の父には少し長く感ぜられた。学費の心配もあった。それから自己の進路そのものについても疑問が起って来た。此の事を父は次の様に述べて居る。「当時の書生は皆大臣参議になるのを望んで大言壮語するものばかりだ。色々将来を考へさせられている内に一大福音は耳に響いてきた。それは開拓使は新に農学校を創立して文部省に入学生を頼んで参りその志望者を募るのであった。私は東北出身で幼少よりエゾ地の話を聞かされて居り、それに修学年限は四ヶ年で開成学校より二ヶ年短い。又官費生で学費には心配はない。大臣参議の空論よりは農業の実学に就く方がよいといふ様な考へで、同級生九名と共に開拓使に一身を托することに致した。これ実に一生の転換期で生涯の運命が此処に定まつた。所謂天の摂理と申さうか。明治九年七月二十五日汽船玄武丸に便乗品川湾を乗り出した。黒田長官や第一の恩師のクラーク先生の一行と同船である」と。

此の言葉から判る様に、父が札幌農学校に学ぶ様になったのは、早く学業を終えようという考えと、当時の青年の政治熱に反抗して実学を学ぼうとの考えから起って来たものである事が判る。然し如何に父が此の様な希望を抱いて居ても、札幌農学校が創立されなければ、その希望は達せられなかったであろう。又一方たとえ札幌農学校が創立されても、父が英語学校を丁度その時卒業して居なければ、農学校の一期生とはなり得なかったであろう。此の辺が父の言う天の摂理であろうか。札幌農学校の創立については、別に述べる事とし、先ず安政三年に花巻で生れた父がどうして二十年後の明治九年に東京英語学校を卒業して居たかのその運命の経過を知る事は重大な事である。然し之には明治維新と南部藩について少し知らなければならない。何故ならば此の二十一年の間に明治維新という重大な時期が入って居り、夫も父の生涯に大きな役割を果して居るからである。

二、立　志

明治維新については、我々はまだまだ研究しなければならないと思われる。大抵の歴史がそうである様に、一の事件に勝者と敗者とがある場合は、記録は大部分勝者の記録である。勝者の行動がジャスティファイされたものが歴史書だと言っても過言ではないであろう。明治維新史についても同様の事が言える。何故ならば明治維新はその中に多くの争いを含み、それぞれ勝者と敗者とがあったからである。それならばその勝者とは誰か。又敗者とは誰か。此の場合敗者を一般に指名する事は極めて容易である。第一に徳川幕府自身である。或は具体的には、徳川慶喜及び之を助けた大小名及び幕臣である。大小名は勿論、藩をなして居たから、之は佐幕派の諸藩であると言う事が出来る。その雄なるものは会津藩であり、南部藩もその一であった。幕臣を一々あげる必要はないが、彰義隊や榎本武揚が夫れである。此の様に敗けた者は、明瞭であるのであるが、勝った者は実は明瞭ではないのである。此の維新の際の勝者が判然しない者が、日本の進路に一の大きな障害をあたえたのではないかと思われるが、その事は今は論じない。ともかく、佐幕派の人々或は諸藩は、所謂官軍と戦ったのであるから官軍が勝者である事は明かである。然らば官軍とは何を指すのか。

明治天皇御自身或は所謂朝廷であったのか。無論そうではない。夫は一の部隊であって、而も勅命を奉じた軍であった。然し始めから官軍は官軍としてきまっては居なかった。ある部隊がある時から官軍となったのである。然らば此の所謂官軍は、何時から勅命に依る軍となったのか。夫は実に明治元年の正月からである。即ち、伏見鳥羽の戦で勝利を得た方が官軍となったのである。明治元年の大政奉還の意味がこの勝敗で決定的となった。そして此の勝利を得たものは、薩摩と長州の軍であり、敗けた方は幕府党で、会津、桑名の二藩その他幕臣からなって居た。何故此の戦で勝利を得たものが官軍となったかは判らない。戦に勝敗はつきものであって、此の戦に勝った長州藩は元治元年即ち四年前には、宮廷を守護して居た会津藩や薩摩藩を攻撃して敗走して居るのである。それであるから、此の様な争いの流れに一つのキーポイントがあって、その時の勝利をつかんだものが、長く勝者の地位に立つものであると見える。薩摩と長州とは此の時以来、勅命を奉ずる軍となり、之に反抗するものは賊軍となった。所が此の重大な変化は容易に一般には理解されてなかった。いろいろな複雑した闘争の長い月日のあとで、ようやく事態が混沌を脱して、一つの方向が示されて来た事を、人々は直ちには理解し難いものである。殊に何人が勅命を奉ずるものであるかの判定は、外部からは容易につき難く、殊に会津藩にとっては、伏見鳥羽で敗退した丈けで賊軍となる等とは到底考え得られない所であったであろう。その上、皇室に対する忠誠の念は、徳川三百年の間に、それ以前には見られなかった程一般に興隆して居たのであった。大部分が勤王の志を持って居た。京都が闘争の中心となった事が此の事をよく示して居るではないか。

さて此の様な事態と不理解の中から、混乱が生じなかったならば不思議と言う可きであろう。会津藩の反抗は続いた。彼等は依然として薩長と争って居ると考えたのであった。事態が変化し、既に混沌が一つの新しい形態に変化し始めた事を悟らなかった。そしてその上此の新しい形成をその時リードして居るものが、彼等ではなかった事も悟らなかった。将来の見透しに彼等は暗らかったのである。新時代のリーダーは若し藩と言う事を言えば、薩長の人々であった。然し真のリーダーは実は之等の藩の人々のみではなかった。時代を理解した者であれば何人でも時の経過をまてばリーダーとなり得たのであった。此の様な時勢である事を理解しなかった人々は、依然たる混沌の中にあって、之等を一つの形につくりあげようと、既にその形が一方で出来て居るにも拘らず、真剣に血みどろな無駄な努力をした。多くの悲劇が此処から生れた。戦としては戊辰の乱域は奥羽の乱と言われるものがその一つである。

此の闘争は独立した名前で呼ばる可きものでなく、伏見鳥羽の戦の一部と見る可きものであるかも知れない。何故ならば、夫は伏見鳥羽の戦で一旦敗退した会津藩等の薩長に対する戦であったからである。然し又一方夫は独立した名で呼ばれた方が良い様でもある。何故ならば伏見鳥羽の戦以後形勢はすべて一変し、その勝者が時代を支配する運命を荷ったからである。伏見鳥羽の戦はいわば関ヶ原の戦で、勝てば官軍、敗くれば賊とは特に此の戦に対する呼名であると言っても良いであろう。さて会津は依然たる反抗を示して居たので朝廷は米沢藩主、南部藩主、仙台藩主に命じて会津を討たしめる事となった。所が之等の藩主は会津藩主を救おうと試みたが、拒絶されたので奥羽の列藩は、仙台藩の白石城に会盟して会津に呼応する事となった。之が奥羽同盟と呼ばれるものである。会津には、上野の彰義隊の残党が加わって気勢をあげて居たが、之等はすべて上述した通り無駄な努力であった。結果から見て、そう言うのでなく、方向が既に定まったのを、更にもとに帰そうと言う空しい努力であったからである。会津も奥羽同盟の諸藩も時の勢に抗する事は出来なかった。東北、越後に進んだ官軍は、致る所で勝利を得て、明治元年の正月から始った此の争乱は九月には全く平定された。此の時の戦いに幾多の無用の而も悲惨な血と涙とが流された事は、今なおひそやかな声で語り伝えられて居る所である。人々は当時の官軍の行動について批判を加える事を今日なおさけて居る。公然と伝えられるものは、白虎隊の壮烈さ位いである。然しそのかげには、どの様な悲惨な事件があったか想像するに難くないのである。夫は戦争の常と言う事も出来ようが、名目が立つと信じて而も立たなかった戦である丈け、その行動には常軌を逸するものがあった。而も之等の戦は訓練された兵士丈けの戦闘でなく、多くの浮浪の徒が何れの側にも加って居た事は事実である。之が悲惨さを大きくした。要するに此の争は勤王佐幕の二党の争いで、朝廷と賊軍との争いではなかったのであるが、時勢の変化は此の争を、後の名で呼ばざるを得ない事としてしまった。勝った方は意気あがり、敗けた方は無念であり、その中で未練を抱くものは更に変をのぞむ事となった。鳥尾小弥太はその著「国勢因果論」の中で、此の敗者の情を論じて次の様に言って居る。即ち「所謂三つ児の心は六十迄の理にて、此の鬱結の情は後世に遺伝し、時と所に応じ、其の趣向を変じ千変万化種々に鋒鋩を露出すべき者なれば、真誠憂国の士は巨眼を開て未来の歴史を観察すべし、是或は国家不群の一大原因となるものならん」と。此の予言が当ったか否かは此処では論じないが、日本最初の平民宰相と言われた原敬が南部藩出身である事丈けを述べて置こう。原敬については後に更にのべるが、彼が後に、盛岡で戊辰の乱の戦没者の五十年祭があった時に、之に祭文を求められ、戊辰の戦争は、政見の相異に基くものにすぎぬ、何人も朝廷に弓をひくものはないと断じ、「焚く香の煙のみたれや秋の風」の一句を手向けて居るのは、甚だ興味の多い事であると共に、此の事件の深刻さが窺われるであろう。それならば南部藩そのものは奥羽の乱でどの様な役割を果したであろうか。奥羽同盟に加った事は前述したが、果してその真意は何処にあったのであろうか。薩長に対する反感か、会津に対する義理立てか。或は徳川幕府に対する忠誠か。之を判断する事は容易ではない。然し南部藩が此の争乱で起した行動を見れば、判断出来ないものでもなさそうである。南部藩は奥羽同盟に於て仙台藩と同盟を結び、一方津軽藩と争い之を破った。之は明かに、有名な檜山騒動以来持越した私闘の再開であって、仙台藩から背後をつかれぬ用心をして、旧怨をはらす可き行動をとったのであった。又、一方秋田に攻め入って大館に入った。之は明かに米沢藩と呼応した奥羽同盟の一員としての行動と考えられるが、実は夫としては無意味である。此の戦は鍋島、大村等の諸藩の新武器を有する援兵の為打ち破られて退き、遂に降伏したのであった。之等の行動を見れば、南部藩の思想は、在来の封建時代の枠から一歩も出て居ない事が判る。時勢を知らず、天下の大勢が封建の打破に向って動き、而も夫がすでに成就したのを知らず、旧態依然たる夢中的行動を取ったものに外ならぬ。争乱を利しての藩領拡張丈けを狙ったものと評されても致し方がないであろう。而して当時であれば、かかる行動は或は夫として許されたであったであろう。何故ならばその当時は多くの諸藩は互いに勤王佐幕の旗印しの下に、実は私利を目的に相争って居た時代であったからである。此の様な考えを南部藩の幹部は抱いて居たのであったろう。然し時勢は急テンポで進んで居たのであった。伏見鳥羽の戦以来、従来の各藩間の私闘は、官軍対賊軍の戦いに色わけされる事となった。そして、その何れであるかによって、結果は大差があった。前者となった者は名と実とを取り、後者となった者はその両者を失った。之はまさに時の勢いであった。何人がどうしたと言うのではなく、そうならざるを得なかったのである。そうなると、はからずも賊軍となった南部藩は思わざる取扱いを受ける事となった。之は南部藩としてはまことに意外であったが、致し方のない所であった。朝廷に対する忠誠の念に於ては、何等欠ける所はないと彼等は信じて居た丈け、意外の結果に茫然となった。此の時の南部藩の状態を父は次の様に語って居る。但し此の時父はようやく十三歳であったから、現実にどれ丈けの認識があったかは疑問であるとも言い得るが、一藩の大事件であり、又次に述べる様な父及び祖父の地位からして印象がよほど強かったと見なければならないであろう。即ち「藩侯は丸腰で登城をなし、罪を謝さなければならなかつた。そして野辺地湾で打つた津軽の諸兵は意気揚々として始めて南部領を通つて来て、とらはれの藩侯を見ながら進軍するのを見て領民はぼう然としてゐたと言ふ。此の時には勤王の大義を唱へる名士も死を賭して戦つたが、遂に利せず名流南部はこれが為二十万石から十三万石に削られ有力な者は自刃して罪を謝し、勤王家でたふれたものも多かつたので、一般の士気はひどく阻喪してしまつた」と(『東朝』大正十五年十二月十七日、談話)。此の父の言葉でも判る様に、南部藩の打撃は大きかった。予期せざる恥辱があたえられたのであった。之は全く時勢に暗い事から起こったものと言わざるを得ない。此の恥辱をそそぎ、士気の立直しをする為に、南部藩の青年達は続々と志を立てて東京に出たのであった。何れも薩長等と異って頼る可き先輩がなかった為、自ら進路を開く為には少なからぬ苦心をしたのであった。菊地武夫、原敬、新渡戸稲造等は之等の青年の中で頭角を現した人々であった。そして父も亦之等一群の青年の中の一人であったのである。

此の様な明治維新の際に於ける南部藩の悲境が、父の立志の深い動機となった事を理解する為には、父及び私の祖父昌蔵の当時の境遇を明かにして置く必要があると考える。父の語る所によれば(『教育』第五巻第一号、「私の生涯と教育の回顧」)、佐藤家の祖先は、寛文の頃小禄を以て南部内に召抱えられ、花巻給人となったものであった。佐藤家と言う言葉が示す通り、夫は封建制の中に続いて生きる連続した人々であったのである。元来、佐藤家は秋田横手の城主小野寺遠江守に仕えたのであったが、慶長五年関ヶ原の戦後、その主家が没落した為に、盛岡の南部侯に随身して、花巻支域に配属され、城代家老の部下として軍役を務めた士分であった。南部侯に随身以後、二百七十余年を経て明治維新前、昌蔵の時代に城代の御取次役となった。此の役目は町奉行と共に城内の重役として諸般の地方行政事務を掌り、且つ文武の教育を御給人たる士分の子弟に施し、又、其部下である足軽を監督するものであった。簡単に言えば、槍一本の持主であったのである。

花巻城は、小規模ではあったが、堅固な城砦であって、隣国の強大な伊達藩に対しては、戦略上の重要点であった。そして又仙台藩との国境の鬼柳には関所があって、花巻から勤番者が出たものであって、父は幼年の時、昌蔵に随って関所に泊りがけに行った事もあった。此の様な重要点であったから、花巻城の位置は高台に築かれ、又二重三重に壕を以て囲み、又城内の要所には、城代の客舎、馬場、米倉、道場、城門及び士族屋敷等があり、典型的な封建時代の藩城であった。

此の様な場所で重役の位置にある昌蔵の長男として父は安政三年十一月二十四日に生れた。母はキンと言い花巻町の鹿討立太の二女であったが、父が七歳の時にチフスで長逝したが、後に義母キヨが中島氏から迎えられた。封建武士の長男としての修行が何よりも武芸にあった事は言う迄もない。父は剣道、柔道、砲術を学んだのであったが、最も好んだのは馬術であった様である。岩手県が馬産地である事は周知であるが、南部藩でも馬術は大いに奨励して居り、花巻でも城代家老の邸内に十頭位の馬があり、城内の青年に練習せしめて居た。父の隣家に大坪流の師範役である新渡戸伝弥と言う武士が住んで居たので、父は朝夕出入して先ず手綱捌きを木馬に乗って指南を受け、七、八歳の頃からは、遠乗りをするを得る迄に上達した。父が少年時代の思い出の中、最も愉快であったのは、年中行事の一つとして、盆の六月に町内で迎い火をその店先きで焚く時にその中を騎馬で乗打ちする事であったと言って居る。之は戦争の場合の人馬に対する訓練の一つである事は明かであるが、平時に於ては、武士の少年が晴れの紋服に乗馬の袴で駿馬に鞭って疾駆するさまは、見物であったであろう。又文の方面は昌蔵が漢学の素養が深く、自宅で四書五経詩文歴史等を講じて居たので、父は幼年ではあったが、その席に列し、時には詩作を試み、又習字算術をも学んだのであった。

此の様な封建的寺子屋の教育を受けつつ明治維新に及んだのであるが、戊辰の役が起った時は父は十三歳であった。此の時、上述した通り南部藩は奥羽同盟に参加し、花巻城に於ても昌蔵は一隊の青年を率いて秋田に出陣したのであったが、父は留守隊に召集されて、洋式の訓練を受け太鼓打方となって居た。父は此の時出陣を熱望したが、年齢不足の為許されず男泣きに泣いたと伝えられて居る。

以上の様に武士の子として武士としてだけの修行をつんで居た父が、従軍も場合によっては可能であった程であった犬に、此の時に、遭遇した戊辰の乱から起った南部藩の悲劇が、如何に強くひびいたかは想像にあまりある所であると考える。此の事は父もしばしば語って居るのであるから、立志の動機に戊辰の悲運をあげる事は誤って居ない事を私は信ずる。

此の事を証明する為に、此の悲劇が昌蔵と父とにどの様な変化をあたえたかを見る事としよう。南部藩は減禄の上仙台の白石に転封を命ぜられたのであったが、幸に藩中の勤王派の尽力によって一年を経ない内に旧領地に復帰を命ぜられ、藩主は盛岡に帰還した。昌蔵は此の時の藩政改革の際にあげられて、藩の公用人となったのであった。此の様に藩主は盛岡に復帰し得る事となったが、七拾万両の献金がその条件であったので、秋田口戦役の疲弊と、藩士中には既に白石の新領土に往復の為めにその生活に困難を来したものが多くなり、かかる苦境は勤王派の失敗によって起ったものの様に考えられ、怨嗟の声が起った。此の為に在京中の執政目時隆之進は帰国する事となり、昌蔵も之に随行して居たが、盛岡への途中黒沢尻で目時は報国の二字を居間の壁に血書して割腹した。此の変事の為、目時に従った昌蔵は責任を問われ免官且隠居を命ぜられ、父が家督を相続する事となった。明治二年父が十四歳の時であった。然し此の目時の自尽によって勤王派の精忠至公な事が、次第に藩中に了解され、昌蔵は再び召されて少参事に任官し、一家は花巻から盛岡に移ったのである。此の目時の事件は少年である父に深い印象をあたえた事は、想像するに難くない。と言うのは夫は父の一家にとっても大事件であったからである。昌蔵が目時と共に帰国し、両人が南部領の黒沢尻に至った時、目時は此処で自尽の決意をして居たのであったろう。昌蔵に妨げられる事を惧れたのか、昌蔵にすすめて花巻に先発せしめた。しばらく東京に居て家庭から遠ざかって居た昌蔵は、目時の意向を知らず喜んでそのすすめに従い、久振りで家庭の団らんのうちで一夜を明かす事となった。此の久し振りの団らんは、夜半の兇報によって破られた。目時自尽の急使が黒沢尻から来たのであった。よろこびは驚きに更に憂いに変った。果して昌蔵の免官がつづいて行われた。二重の兇報がもたらされたわけであった。何故此の様な事になったのかと言う疑問が父の胸に当然に起ったであろう。此の疑問は一家の出来事という小さな範囲を越えて、藩について、又日本について、いろいろの事を考えさせたのであろう事は想像に難くない。立志の動機は此処に求む可きである。

三、天の摂理（その一）

此の様な事情で父は志を立て、明治四年に上京した。その目的は洋学を学ぶにあった。昌蔵が盛岡に移ってから父は主として漢学を学んで居た。明治三年には藩主の作人館に入って修行をしたが、同学の友人には、原敬や後に漢文学及び史学の大家となった那珂通世が居た。志を立てた父は昌蔵に乞うて許を得、先ず散髪をして明治四年一月四日雪を踏んで出郷した。原や那珂が之を見送った有様は、永く父の記憶に残って居た。蛍雪の行の首途としては、風物、人物共にまことに得難い情景であった。東京に於ては先ず深川の小笠原賢蔵の家塾に入門した。塾中には、後に枢密顧問官となった石渡敏三や佳人の奇遇で知られた東海散史柴四郎が居た。父は此の塾から大学南校に通い後に南校の寄宿舎に入った。ところが病気にかかり大学東校の和泉橋病院に入って診療を受けた。病は回復したが、診療を受けて居る間に、更に語学の必要を感ぜしめる事が起った。夫は診察を受けた医師の中に外人医師があり彼等と言葉が通じない事であった。此の為に病気回復後は大学南校に復学するのを止めて横浜に赴き、星亨が校長であった修文館に入った。教師は米人ブラウン博士であった。此の修学は家事の都合で中断された。即ち明治五年の夏には帰郷し、更に六年の夏に再び東京に出たが、今度は翌七年の春に東京外国語学校が生徒を募集するにあたって受験の上入学したのであった。即ち父は明治四年に上京してから明治七年に再び学業を開始する迄の間に二ヶ年を病気と家事の都合で休んだのであった。之はまことに父にとっては残念の事ではあったが、又此の為に生涯の一大転機にあう事となったのである。此の事は後に次第に明かとなるであろう。此の様な勉強が主として洋学であった事は、立志の動機から考え合せて当然であろう。時の流れに暗い事が如何に悲惨な結果をもたらすかは、父は身を以て悟ったのであった。ともかくも明治九年には東京外国語学校（之は校名を東京英語学校と改めて居た）を卒業したが、此の時の同級生に高田早苗、藤沢利喜太郎があった。卒業はしたが、二ヶ年の休学の為当時の顔見知の学生、鳩山和夫、小村寿太郎、穂積陳重の諸氏は既に大学に進んで居り、晩学の嘆きは常に父にあったのであった。所が此の父の嘆きは、不思議な機会によって解消される事になった。

父が東京英語学校をまさに卒業しようとしている明治九年の七月であったが、父の居る第一級生の教室のドアが突然に開いて容貌魁偉な立派な米国紳士が二人の青年紳士を従えて入って来た。此のドアの開いた瞬間に父の運命も亦開けたのであった。父の言った天の摂理は、正に此の時に示されたのであったろう。此の米国紳士は即ちクラーク博士であり、博士が東京英語学校に赴いた表面上の理由は授業の参観であったが、実は新設される札幌農学校の第一期生を東京英語学校から募集する為であったのである。父は此の募集に応じて札幌に赴いた事は上述した如くである。

此処で少し札幌農学校について述べる事としよう。札幌農学校が明治九年九月にクラーク博士を教頭として開校される事は周知の事であるが、その前身とも言う可き学校は既に存在して居たのであって、若し此の前身の学校の学生がそのまま札幌農学校にひきつがれたならば、父はその第一期生とはなり得ず、父の運命も大いに異って居たであろう。所が事実は此の前身の学校は、夫が札幌農学校となる事によって、その程度が上る事となった為め従来居た学生達は、東京から募集された学生と同じに新学年から発足することとなったのであった。之は父にとっては得難い幸運であったと言わなければならぬ。学制もまだ充分に定まらない変革期であったから、学校の改廃は常に行われて居たであろうし、夫によって利益を得たものや損をしたものは数多くあったであろうと思われる。程度が上ったと言っても基礎知識の標準が明かでなかった時代であったから、どの様な処置も出来たであろう。英断を以てすべてを新しく第一歩から出発せしめたのは恐らくはクラーク博士の直接或は間接の力であったであろう。

さて此の札幌農学校の前身とも言う可き学校は実は二つあったと言う事も出来る。一は東京にあり他は札幌にあった。東京のものは開拓使仮学校と称され、北海道の開拓に従事する人物の養成が目的であり、明治五年芝に設けられた。之は当時の開拓使次官黒田清隆が、開拓使顧問であった米国のケプロン将軍の意見を採って開設したものであった。父が東京に遊学した時、芝の山内や日蔭町辺でビロード帽子をかぶった此の仮学校の学生を見受けたと語って居る。一方札幌には明治五年から札幌学校と言う学校が設けられて、同じく北海道開拓に従事する人物の養成にあたって居た。之等二つの学校の関係は最初は明瞭ではないが、明治八年に開拓使仮学校が札幌に移されて札幌学校と改称されると、さきの札幌学校は雨龍学校となり、更に創成学校となったから、仮学校が札幌学校となったとも言える。

さて此の新しく開設された札幌学校に農学の専門学科を開設する事となったが、その為にその時迄もとの札幌学校に在学して居た生徒を試験して専門学科に進む可きもの十三名を得たのである。即ち札幌農学校の前身である札幌学校に在学して居た学生の中試験に合格した十三名が、東京から募集された十一名と合して札幌農学校の第一期生となったのである。

父が此の札幌農学校の募集に応じた動機は上述した通り、晩学の嘆きの解消と実学への希望の達成とであって、極めて実利的なものであった。そのままで進めば、父は低い意味の功利主義者となり終った事であったであろう。パイオニアの精神に燃えて北海道の開拓に一身を捧げようという崇高な熱意を抱いて居たとは思われないのである。当時の父の意図は、あくまでも上述の実利的目的の範囲を出たものではなかったと見る方が妥当であろう。勿論、当時既に北海道の事を聞いて居り、又開拓使に一身を捧げる決心をした事は明かであるが、父が入学後に得た精神に比すれば、此の時の精神はそれほど高かった事とは考えられないのである。それならば、父が入学後に得た精神とは何であろうか。斯く言えば、人は直ちにクラーク博士の感化を思い浮べるであろう。まことにその通りであって、クラーク博士の徳風が如何に父の生涯に影響を及ぼしたか想像にあまるものがある。師としてクラーク博士を得た事こそ真に父の言った「天の摂理」であったのであろう。然し之についての叙述は先ず明治時代についての考察から始めなければならない。何故ならば明治時代の特質が父の精神と行動を決定して居るからである。

四、天の摂理（その二）

明治とは如何なる時代であったのであろうか。今日では明治時代が終ってから既に三十年余を経て居るのであるから、我々は明治時代について完全な考察をなす事の出来る時代に居る様に思われる。然し又一方に於て、明治時代の力はあまりに強大であって我々は未だそれを脱して居らず、明治について考える事は、直ちに現代について考える事ともなると言わなければならない。従って明治時代の考察は未だ多分に未熟なものを含む事を免がれない。即ち我々は明治時代に対して充分客観的にはなり得ない事を先ず念頭に置かなければならない。さて此の事を念頭に置いて考察を進めるとなると、第一に必要な事は、一つの時代を判断する基準は何かと言う事であろう。勿論私は単に明治時代を考察しその特質を描き出そうと言うのであって、直接に之が価値判断をしようと言うのではないから、価値判断の基準を今要求して居るのではない。例えば古語に言う「鼓腹撃壌」と言う事を以て直ちによき時代の表徴である等と言おうとして居るのでは勿論ない。然し一つの時代が如何なるものであったかを明確にする為には、何かを夫と比較する事が、大変に便利な方法ではあるまいか。換言すれば、その内容が充分に検討された一つの時代の型を、或は一つの社会の型をかかげて之を問題の時代或は社会と比較すれば、その特質は浮き彫りにされて来る事であろう。それならば、かかる方法を採るとして如何なる時代の型、或は社会の型を比の場合にとるかが問題となって来る。之には勿論いろいろなものが提出され得るわけである。そしてその提出されたものの性質に従って、問題の時代の性質が明かになって来るわけである。例えば仮りに封建時代を提出して明治時代と比較すれば、明治時代が此の点に関して如何なる性質を持って居たかが判明するわけである。

右の様な方法によって考察を進めるとして、私が比較の為に提出しようとする時代の型は、「自由な時代」である。「自由な時代」とは、各人の活動の自由が充分に認められて居る時代である。勿論此処に自由とは放恣の別名ではなく、道徳的内容を有することは言う迄もない。かかる活動の内容は種々なものがあり得る。どの国の憲法でも列挙して居る、集会、結社、出版、言論、信教の自由の如きはその一部である。之等の活動の自由が充分に許されて居る時代は、「自由な時代」であり、「自由な時代」は、その中に活きる各人の自由な活動の故に、人類文化に対する大きな寄与が約束されるのであり、又之は歴史の上で実証されて居るのである。それ故に若し明治時代が「自由な時代」であったならば、その価値は充分に認められて良く、明治時代が日本の文化に対してなした寄与も亦尊重さる可き事となるのである。

それならば明治時代は「自由な時代」であったであろうか。

一般的に言って、明治時代が目標とした所が「自由」の獲得にあった事は疑う可くもない。所謂勤王派が目標とした所は、最初は尊皇攘夷であって、之は決して「自由」を目指して居るものでなかった事は明かであるが、次第に彼等のかかげる旗印しは討幕、王政復古と変化して来た。討幕とは古い封建制度の廃止であるから、之は明かに自由を目標として居るものと言う事が出来る。王政復古も此の討幕と密接に結び付いて居る限り、自由と相反するものとは言えないのである。従って明治維新の目標は、先ず旧制度の破壊による自由の獲得にあったと言い得るであろう。元来、明治維新をもたらした最大の力は、薩長のそれではなく、又公卿のそれでもなく、結局する所、外国の力であったのである。英、米、仏、露、が日本の門戸をしきりに叩いた事が、徳川幕府の倒壊をもたらしたのであった。或は世界の大勢が日本をして、最早封建の夢の中に居る事を許さなくなったと言っても良いのである。外国と交渉を持ち、新しい思想、事物に理解をもった点に於ては、薩長よりも徳川幕府の方が優れて居たであろう。夫は勿論幕府の外国に対する独占的地位も大いにあずかって力はあったのであるが、それ丈けでは片付け切るわけにはいかない。西欧文化の優れた理解者は幕府方に多かったのである。然し時勢は、封建幕府の存在を許さなかった。此の幕府を倒したものが、海外からの招かれざる客達であった事は、明治時代の当路者、換言すればその大部分を占める薩長藩閥の人達は、明かに理解して居たのであった。率直に言えば彼等は、幕府の倒壊にむしろ茫然たるものがあったのであろう。三百年間積み重ねたものが、之れ程もろく崩壊しようとはまことに思いもうけぬ事であったであろう。従って彼等は、之をもたらしたものが彼等の力でなく、外にあった事を知って居たのであった。それ故に明治政府は、西欧文化に対して門戸をとざす事は勿論出来なかったのみでなく、彼等丈けでは到底不可能であった徳川幕府の倒壊をもたらすほどの力のある西欧文化、或は時の力を大いに吸収する事に努力しなければならなかったのである。明治初年に於ける外国人の招聘や外国留学生の派遣は、あきらかに此の努力を示すものである。此の様な外国文化の吸収は、その時代を自由なものとする事は明かである。自由な態度でなければ、新しいものを受入れる事は出来ない事は明かである。然し問題は簡単ではなかった。難関がいくつもあったのである。第一の問題は、西欧文化と言っても、何処の国の何を取入れるかが問題であった。最も重要な問題であった軍事にしても何処を模範とすべきかが決定されなければならなかった。海軍は問題なく英国であったが、陸軍は始めフランスであり、次いでプロシアであった。その理由は普仏戦争に勝利を得た後のプロシアの勢威に基くものであろう。或は幕府が採用したフランス式に対する反感もあったであろう。法律制度も多くはプロシアに学んだ。明治憲法はプロシア憲法と酷似して居た。米国に学ぼうとするものもあったが、その範囲は限られて居た。北海道の開拓に多く米国人の力を借りた事は周知の事実であって、之は開拓についての経験を米国が多く持って居た事を知って居たからであろう。然し此の様な何処から何をという問題は、ある時期が来ると解決した。夫はドイツと英国と決定してしまったのである。而も大部分はドイツであった。その理由は陸軍がドイツを範としたからであったのである。

次の問題は此の様な吸収に限界のある事である。長い歴史から発生した文物は、その表面上の形態を輸入しても、その真精神は吸収する事が殆ど不可能であるから、結局形丈けの模倣に止って、真の生きたものを取り入れる事が出来ないのである。根柢となる精神的基礎が異質的である場合には、何等かの事由によって同一の基礎が出来る迄は、形式丈けの摂取即ち模倣に終るのである。仮りに機械について考えても、西欧で機械が生み出される為の精神的基礎は長い歴史を持って居る。従って人が機械に使われる危険は尠いが、日本の如きその様な精神的基盤のない場合は、機械が人を使う危険が非常に多いと言わざるを得ないのである。更に又第三の難関として、制度や機械の如き形の備って居るものは一応は之を摂取する事は出来るが、更に最も重要なもの即ち精神文化に至っては、たとえ之を形丈け取り入れたにせよ短日月では到底之を消化する事は、先ず不可能であるから、或る程度迄の摂取に止まり、それ以上は自己固有の解釈を加えて進み、一種畸形なものを生ぜしめる危険が多い事である。

以上の様に考えて来ると、外国文化の摂取が行われる場合に、若し両者の精神的基礎が異質的なものである場合には、その摂取はある所迄進行すると止まってしまう事は、明かであると言わなければならぬ。それからさきは、相当長い年月をかけてその間に種々な経過があって始めて真の吸収が行われる事となる。そしてある所で止まって居る事は、場合によっては非常な害をもたらす事があり得る。何故ならば夫は最早自由な状態ではなく反動のおそれが極めて多いからである。此の様な考察を明治時代にあてはめて考えるならば、外国文化の吸収は、明治政府の国是とした所であったから、その限りに於て夫はまさに自由な時代をもたらしたものと言う事が出来る。然し日本と西欧とでは、その精神的基礎と歴史とに大きな差異があるのであるから、当然ある点で停滞せざるを得ない事となる。此の停滞が起れば、夫は最早自由な時代ではない。その上、その停滞の時に、形丈けは新しく、実質的には古いものが力を揮う事となり勝ちである。そして此の古いものは、日本に於ては、当然に封建的権威の観念及び夫を身につけた事物に外ならなかったのである。此の事は、明治時代のあらゆる方面に現われたと言っても過言ではない。言論の自由は認められて忽ち失われた。保安条例の執行が夫である。民意の反映である可き議会は、藩閥官僚に左右せられる所となった。問題は何時まで封建的権威が、自由な活動を妨げないで居たかの点にあったとも見える程であった。此の封建的権威は、その時に応じて軍人、或は官僚の勢力と言う形で現われたが、問題は如何なる階層が或は何人が之を揮ったかという点にあるのではなく、日本ではかかるものを揮うものが忽ち自由を抑圧して発現する点にあるのである。此の様に考えて来ると明治時代は、先ず自由な時代であったが、夫は時と方面の問題で、或る方面は早く、或る方面はおそく、その自由は失われて行ったのである。何が何時からと指す事はしないが、精細に各事象を検討すれば之は直ちに知り得るであろう。「明治はよき時代であった。夫は封建の旧制を打破して新しく自由をもたらしたが故に。明治はあしき時代であった。夫は封建的権威が次第に自由を抑圧したが故に。」というのが明治時代に対する誤らざる判断であるであろう。

さて以上の事を念頭に置きつつ父について特にそのキリスト教信仰について考える事とする。父が始めて上京した時は大学南校で学んで居たが、病を得て退学した。折角志を立てて上京し勉学中病を得た事は如何にも残念な事であったであろう。此の出来事は、十七歳の父の胸に、人生、生命に関する疑問を起さしめたものと思われる。此の人生の悩みを解決する為、全快後、明治五年の春から横浜で星享氏の校長であった修文館で英語を学んだ時、その教師であったブラウン博士から英文の新旧約全書を手に入れ之を読み、又日曜日毎にバラ博士が牧師であった教会に出入して説教を聞いたのであった。此の横浜での勉学は僅か四、五ヶ月で中止されたが、一旦芽生えた求道心は止む事なく、郷里に帰った後も、奥羽地方のキリスト教の先輩太田住建吾と会見して宗教論を闘わしたのであった。又、花巻温泉に静養して居た東京愛宕下青松寺の住職、西有穆山から仏教について聞いたのであった。之等の体験から父はキリスト教に心が傾いたのであったろうか、明治六年に再び上京した時、神田のニコライ神父の下に数ヶ月止宿して居たのであった。此の様な父の二ヶ年に渡る求道の生活は、尠くとも二つの事を示す。一は此の明治の始めに既に日本にはキリスト教に対し事実上信教の自由が存在して居た事である。徳川幕府の倒壊と共に、切支丹の禁は当然消滅したのであった。前述のブラウン博士は日本に於ける最初のプロテスタント宣教師の一人であり、又ニコライ神父は日本に於けるギリシア公教会の創始者であったのである。もう一つは、此の求道生活にも拘らずその間に父がキリスト教徒とならなかった事である。之は恐らくは父の悩みが之等の聖職者によっては解決されなかったからであろう。父の悩みは単に所謂人生の悩み、生への疑問丈けではなかったと見る可きである。父にはもう一の疑問があった。夫は父の上京の動機となったものに外ならず、又当時既に日本の世上にしばしば現われて居た、或は徳川時代から引続いて居た封建的権威に対する悩みであった。具体的に言えば、当時勢力を張って居り、又将来もそうであると思われた薩長土肥の所謂藩閥者に対し、或はその時々に権力を得る人々に対し如何なる態度を取る可きかの問題であった。此の権力に抗する事は難しい事ではなかったが、抗した結果が如何にも悲惨なものとなる場合がある事を、南部藩に於て悲痛な体験を父は経て居たのであった。之は精神の問題と言うよりは、現世の問題であるが、そもそも此の問題の為に、志も立てたのであったから、此の問題が解決されない限り、父の悩みは解消する事は出来なかったのである。父が此の二年間に教を乞うた聖職者は何れもかかる問題に対しては、解答をあたえ得なかったのであった。従って父も、真のキリスト信者となる決心がつかなかったのも当然と言う事が出来よう。此の問題を解決したのは、実にクラーク博士であった。父はクラーク博士によって基督者となった。聖職にないクラーク博士がどうして精神上の問題と共に現世的な父の悩みを解決出来たのであったろうか。夫は、クラーク博士が清教徒であったからである。然らばクラーク博士は如何なる人物であったのか。又、清教徒とは一体如何なるものであるのか。

五、天の摂理(その三)

クラーク博士の経歴及び人格については、周知であると考えるので、後の叙述に必要な限度で北大沿革史によって次に述べる事とする。クラーク博士は一八二六年(文政九年)に米国マサチューセッツ州アシュフィールドに生れた。一八四八年二十二歳の時アマスト大学を卒業し、次いで独逸ゲッティンゲン大学で専ら鉱物学及び化学を修め、一八五二年ドクトル・フィロソフィーの学位を得た。同年帰米してアマスト大学の教授となり、十五年間化学を担当した。その間一八六二年から一八六五年の間に起った南北戦争に従軍して武勲を立て大佐となった。一八六七年四十一歳の時、アマストにマサチューセッツ農科大学が設置された時に学長となり、一八七八年即ち五十二歳の時迄その職にあった。開拓使の招聘に応じて来朝したのは一八七六年(明治九年)五十歳の時であり、翌年帰国した。札幌に居たのは八ヶ月にすぎない。帰国退職後鉱山業を営んだが、一八八六年即ち明治十九年六十歳でアマストに於て永眠した。

右の経歴はクラーク博士の、学者としての業績及び教育行政家としての手腕をよく示して居り、その専門の分野から考えて新しく北海道開拓の為に設けられる札幌農学校のすべてを託するにまことに好適の人物であった事は明かである。否それどころではない。その将来も明かでない日本、殊に之から開かれる北海道と言う小島に来るには、過ぎた人物であった事は確実である。一体クラーク博士のみならず、ケプロン将軍を始めとし、北海道に関係のあった米国人は、すべて優れた人物であったと思われる。即ち米国で充分の地位があり、或は夫に値する人物が北海道に招かれたのは、北海道にとってはまことに幸いであったと共に、当時米国が日本を対等の国と見て居た証拠であろう。さてクラーク博士を選定したものは、一体誰であったであろう。北大沿革史及び北海道史は、黒田長官が、札幌農学校を米国マサチューセッツ州の夫に則る可き事を定め、その線に沿っての人選を当時米国駐剳の吉田公使に依頼し、吉田公使は苦心の末、クラーク博士を得たと述べて居る。之が真実であろうが、ケプロン将軍もマサチューセッツ州の出身であるから、或は意中の人としてクラーク博士の名を黒田長官に伝えてあったかも知れない。その辺は判らないのであるが、何れにしてもマサチューセッツ州から何人かが選ばる可きであった事は間違いのない所であった。此のマサチューセッツ州の人が選ばれた事は、札幌農学校にとって、殊に父にとっては重大な意義があった。と言うのはマサチューセッツ州は、清教徒の中心地であり、清教徒精神の最も盛んな地方であり、殊に南北戦争の勝利によってその伝統の精神は高揚して居た時であったからである。此の様な州人の中に於ても、クラーク博士は特に熱烈な清教徒精神の持主であった事は、有名な渡北の船中での黒田長官との学生の徳育問題についての激論に於て之を明かに看取する事が出来る。此の事件はあまりに有名であって、クラーク博士が熱心な基督者であった事の証拠として、しばしば引用されるが、実は此の挿話は単に博士が熱烈な基督者であったばかりでなく、更に又熱烈な新教徒《プロテスタント》であり更に清教徒精神の所有者であった事を示して居るものである。伝えられる所によれば、黒田長官はクラーク博士に学生の徳育を依頼したが、キリスト教理を説く事を承認しなかったのに対し、クラーク博士は、「余の知れる唯一の道徳はキリスト教であるから、キリスト教を教えずに徳育をなす事は出来ない」と言って争い、遂に長官は博士に譲ったとの事である。此の事が真であるとすれば、博士は客観的な科学としての倫理学を認めないのであって、すべてをキリスト教から出発させる態度であり、極端に言えば宗教と他の部面との分離を認めない態度であると言う事が出来る。之は明かに典型的清教徒の態度なのである。此の点を更に明かにする為に父の言をひこう。

父がクラーク博士について述べたものの中に次の一節（『現代』昭和六年三月号）がある。即ち、「先生は又熱心な宗教家《クリスチャン》で、始終学生に信仰の大切なことを説いたものである。先生は常に我々に『信念あつてこそ人生といふものは意義ある生活をなすことが出来る。その信念さへ堅固であつたならば、道徳といふものは自然に立つて行くもので、道徳以上に信仰といふものは大切なものである』と諭された。先生の感化を受けて信仰の生涯に入つたものも吾々青年には少くない。その信仰はお寺で礼拝をするばかりでない、日常の生活に信仰を及ぼさなければならないものであつた。大農場を経営するに当つても、その信念を以て経営する。云はゞ応用的宗教、応用的道徳で、理論よりは応用が大切である、人生万事皆さういふ道徳の根源に立戻つて進まなければならぬものといふのであつた」と。之は明瞭に清教徒の態度である。此処に言う信念、信仰とは、一般的なものを指すのではなく、キリスト教の信仰、更に進んでプロテスタントの信仰更に又清教徒の信仰を意味して居るのである。然し清教徒の特質はかかる場面に丈け限られて居るのではなかった。清教徒の特質の最も大きなものであって、父に最も大きな力を及ぼしたものは、権威に対する清教徒の態度であった。之について理解を得る為には、清教徒の歴史について知らなければならない。

清教徒という言葉が通俗に用いられる場合にはその「清」という字の連想から来るのか、夫は身を持する事極めて厳格な人々をさして居るのは、周知の如くである。そしてそれ以上の何物も意味して居ない様に普通には用いられる。凡そ華美、放縦と正反対のものが清教徒の特質であり、清純さを意味する様に考えられて居る。此の考えは決して間違っては居ない。以上の様な特質を明かに清教徒は有して居るのである。然し清教徒の特質は、以上を以て終るものでは勿論ない。若し以上のもので終るのであれば、特に清教徒というグループで呼ばれる必要は何処にもなく、夫は世界到る処に見受ける事の出来る、人間の生活態度の一の特質を表現して居るものにすぎないのである。清教徒はその様な一般的なものではない。勿論本来の意義の清教徒達が此の世を去り、彼等を育てた環境が変化するに従って、夫が適用される範囲はひろがり、普通一般の特質の呼称となりつつある事は事実である。夫にも拘らず真の清教徒は、その伝統の中に存在して居たのであり、歴史上、一の位置を占めるものとして認めらる可きものなのである。換言すれば清教徒は歴史上の一産物であり、歴史上の事実であって、又それ故にこそ意義があるのである。従って彼等を生ぜしめた歴史的環境と彼等がその働きを及ぼした時代と事件とを充分に理解しなければ、清教徒とは何かを知る事は出来ず、又彼等から伝えられた精神を知る事は出来ない。それならば清教徒は何時起り、何をしたのか。此の疑問に答える事は英国と米国の歴史を繰りひろげる事となるのであり、殊に之等両国の思想史の頁を繰る事となるのである。次に夫について述べよう。

イングランド王ヘンリー八世は一五三三年にローマ教会との断絶を宣告した。イングランドの宗教改革が之である。ヘンリー八世と言う褒貶の多い王の事であるから、此の宗教改革行為についても種々な議論があるのは当然である。然し明かな事は、イングランド人が、王の此の行動を歓迎したという事である。そして出来上ったものが英国教会であり、ヘンリー八世がその首長となった。ローマ教会と断絶する以前のイングランドは、他の西欧諸国と同じく、広大な西欧カトリック教会国の一部を構成して居り、精神的方面のみならず現世的方面に於ても常にローマ教会の統御の下に在った。此のカトリック教会国の特質は、宗教と政治とが未分離の状態にあった事である。否、政治のみならず、人間文化のあらゆる場面がキリスト教と離すべからざる関係にあった。科学も神学の下婢であったのである。さて宗教改革運動は、ルーテルの主張した通り「すべての人を神の前に平等にする」ものでなければならず、神と人との間に立つものとしての司祭職は否認されなければならなかった。イングランドの宗教改革も此の点は同一であって、ルーテルの流れを汲むひとは、聖書を唯一の神の言葉と信じて居たのであり、之を貫徹する事が、宗教改革の真意義を貫徹する事と信じて居た。ヘンリー八世も此の事は、苟も宗教改革である以上当然に実行したのであったが、之以外にもまだまだ実行すべきものがあった。若し全くローマから断絶したのであったならば、ローマカトリック教会国の制度は全般的に否定されなければならなかったのであるのに、王は多くのものを保留したのである。夫も大部分は彼に都合のよいものであった。何故英国教会がつくられその首長にヘンリー八世自身がつかなければならなかったのか。政治と宗教との未分離は、或は生活の他の場面と、宗教との未分離は、更に又階層制はローマカトリック教会国の重大な特質の一であった。その特質をそのまま保留する事は、不思議な事であった。その上王は更に多くのローマ的なものを英国国教会の内に取り入れた。典礼に到っては、殆どローマ教会と同様であった。此の様な王の立場を支持する人々も無論あったのであるが、更に宗教改革の本義に徹して、英国国教会の中から、ローマ的残物をすべてのぞき去ろうとして反対の態度を示した人達が現われて来た。此の人達の立場は宗教改革の「純粋《ピュリネス》さ」を保とうというのであるから、その意味に於て之等の人達は清教徒と呼ばれたのであった。特に注意を要するのは、之等の人達が国教会の中にあって、之を清浄化しようという主張を有する人達である事であって、始めから、国教会を去ってかかる反対をする人達ではない事である。彼等は国教派に対し反対し、且つ異論を唱えた。然し夫は国教派と同一の基礎に立って行動するのであって、全然立場を異にするものではなかったのである。此の事は、始めは清教徒中の一派と目され後には、独立した一派と考えられる分離派《セパラティスト》或は独立《インディペンデンツ》派の主張する所を見れば明瞭となるであろう。之等の第三の党派は、ルーテルの主張に忠実なものであって、王と僧との権威を認めない革命的個人主義者であって、清教徒中から出たものには違いないのであるが、本来の意味の清教徒とはその立場を異にするものであるという事が出来る。クロムウェルの革命は清教徒革命と称されては居るが、実は分離派が中心となっての行動であるという可きである。然し之等の二者の実際上の区分は容易ではなく、多くは之等の二つを共に清教徒と呼ぶのであるが、理論的には之を区別する事は可能であり、又そうすべきである。

さて此の様な主張を有する清教徒は、その実践として何をなしたか。先ず第一にあぐ可きものはピルグリム・ファーザースによるニュープリマスの植民であろう。之は清教徒による最初の植民地であり、而も充分の成功をしたものであった。その次第については別に説く事を要しない程有名なものであるが、特に注意を要する事は、彼等が理想の地を求めて米国に渡ったと言う事から、彼等には国王及びその周囲に対する反対の念が充分にあった事を看取しなければならない事である。彼等はあくまでも国教に対する異端者であったのであるが、その傾向から言えば、分離派に属する人々であって、その構成した社会はデモクラティックな構成を存しては居たが、分離派の特徴として孤立的な性格を有して居た為、その及ぼした影響については、むしろ消極的に考えなければならないであろう。次に行われた事業は、ボストンを中心とするマサチューセッツ植民地の創設である。之は一六三〇年に開始されたのであるが、その植民者の数は、ニュープリマスとは比較にならない程多数であり、又その中に数多くイングランドに於ける有力者を含んで居たが故に、それは米国精神の形成に於ては、極めて強力なものがあり、米国精神の中核はここに発したものとも見る事を得る。そしてその思想の中心をなすものは分離派と同じく国教に対する反抗の精神であるが、而も国教中にある事を限度としてその行動を決定して居たのであった。此の点に於てマサチューセッツの清教徒の強味があるのであった。何故ならば、分離派の如き態度をとれば、一の既成勢力の改善、或はそれとの妥協は不可能であり、反対する相手を排除するか或は自らの方が壊滅するかの二つの道しかないのであるが、本来の意味の清教徒であれば、場合によっては、妥協も可能であり、又相手の改善も出来、自己の主張を通しつつ相手を認める事が出来るのであるから、その生命は極めて強靱なものと言い得るのである。此の反抗の精神と強靱な生命とがマサチューセッツの清教徒の特質であった。勿論かかる反抗や妥協は神が認める時にのみ之をなし得るものと彼等は考えて居たのである。此の特質を中心としてその論理観、社会観が構成されて行ったのである。そしてその宗教的の思想の中心となった所のものは、国教派の主張とそれ程差のあるものではなかった。国教派そのものが、ローマカトリック教会派とそれほど大きな差のあるものではなかったから、清教徒もローマカトリックと大差のないものとも言う事も出来る。又そう見る可きものであろう。例えばローマカトリック及び国教派の中心をなした政治と宗教の一致は、又清教徒が認めて居た所であった。否単に政治のみではなく、あらゆる点に於て宗教が中心であった。近代的な宗教と政治との分離或は宗教と科学との分離は、清教徒の認めない所であった。此の前者に関する問題から、多くの闘争がマサチューセッツ植民地内で行われたのであった。此の様な一致点はあるが、元来がプロテスタントであるからカトリックとの相違点も堅持して居た。聖書を以て唯一の神の言葉とし、司祭職を認めない点はプロテスタントの中心観念であったから、之はあくまでも堅持して居たのである。此の様な一致点を抱きつつ而も相違点を強調して、神の意に従うと信じて権威に反抗する所に之等の清教徒の特質があるのであって、ある時は極端に陥って革命或は戦争に迄導かれるが、又何時かは妥協して相手と同じ道を進むのを見るのは極めて興味ある事と言わなければならない。米国の独立に於て中心となったのは、之等の清教徒であり、又南北戦争に於て北部の中心は勿論之等の清教徒自身或はその流れを汲む人達であった。権利の主張或は道徳の強制に於て極めて強力であって、譲る所のない事を之等の戦争に於て示して居ると共に事情に応じて充分の妥協力のある事を示して居るのである。

さてクラーク博士は此の様な思想と実践を有する清教徒の代表的な人物であった。その清教徒としての信条は、明治十年三月に行われた、「イエスを信ずる者の契約」中に明瞭に現われて居る。之はクラーク博士が着札以来の熱心なキリスト教の教えが実を結んで、父を含んだ十六名が署名したクラーク博士の草した誓約書を指すのであるが、その中には次の文句がある。即ち「我等は信ず聖書は唯一の直接天啓の書なることを。又信ず聖書は人類を導きて栄光ある来世に至らしむる唯一の完全なる嚮導者なる事を。……安息日を覚えて之を聖日とせよ、此の日には凡て緊急ならざる業務を休み勉めて聖書を研究して己の徳を建て人の徳を建つる為に用ふべし……我等は互に相助け相励まさん為め此の誓約に由りて一箇の団体を組織し之を「イエスの信徒」と称し而して我等処を同うする間は毎週一回以上共に集りて聖書若しくは宗教に関する他の書籍雑誌を読み若しくは宗教上の談話をなし、また相共に祈禱会を開く事を誓約す希くは聖霊我等の心に臨みて我等の愛を励まし我等の信を堅くし我等を真理に導きて救を得るに至らしめんことを」（訳文は札幌基督教会歴史によった）。

以上の誓約書は明かに、プロテスタントの而も清教徒の面目を明かに示して居るものであって、ピルグリム・ファーザースのメイフラワーコンパクトを想起させる点もある。誓約によって一個の団体を組織している点が夫である。此の団体は教会に迄発展すべきものであるが、クラーク博士は牧師ではなかったから教会はつくらなかった。一個のキリスト者の信仰共同体をつくらしめたに止まったのである。此の時迄に父は充分にクラーク博士に感化されて、キリスト教を信ずる事となり、右の誓約書にも署名したのであるが、その根本の動機は、清教徒としてのクラーク博士の人格であった。清教徒の特質は上述の如く、信仰中心の生活と夫に基く権威に対する反抗と妥協に存する。一つの枠の中にあって之に反対し、而も同じ道を行こうと言うのがその本体である。而もかかる思想行動がキリスト教信仰と不可分に結び付いて居る所にその特質があるのである。横浜以来養われた父の求道心は、此の清教徒精神の具現者であるクラーク博士に師事して充分の満足を得たのであったであろう。何故ならば父の悩みは単に人生苦のみではなく、権威に対する態度の問題を含んで居り、或は之が根本問題であったからである。クラーク博士は別に言葉を以て此の様な事を一同に、或は父に説いたとは考えられないが、此の点に関する悩みを持って居た父の目からすれば、此の精神で貫かれて来たクラーク博士からその真意を汲み取る事は容易であったと考えられる。博士の態度は船中の黒田長官との争論に於て明かに現われた。夫は反抗と妥協の具現であり夫は明かに父に示した。かくて父の悩みは解決した。心に信仰を抱けば夫に基いて権威に対しては反抗と妥協が許される事、そして之が処世の実践基準となる可きものである事を父は悟ったのであった。そして夫は勿論神から許される事なのである。父が東京に居た時に既に現われて居た自由の抑圧、封建的権威の出現は、父の長い生涯に於てしばしば経験した所であった。明治時代が進むにつれてその傾向は益々甚しくなって来た。然しクラーク博士から清教徒の精神を体得した父は、自らの身を亡ぼす事なき信仰を基底とした反抗と妥協とを以て幾多の難関を切り抜けて来たのである。その根本精神は信仰にあったが、その実践は清教徒精神《ピューリタニズム》の発現であった。之をクラーク博士から学び得た事こそまことに「天の摂理」と言い得る事であった。イエスを信ずる者の契約に署名した父以外の人達が父と同じ考えで同じ感銘を受けて信仰に進んだか否かは判らない。夫は夫等の人々の精神の問題であって、簡単に論ずる事は出来ない。然し少くとも父の場合に於ては、父が上述の如き意味に於ける清教徒精神《ピューリタニズム》をクラーク博士から得たものである事は、疑う事の出来ない事実である。

六、北　海　道

今まで述べて来た処は、主として父の精神に最も大きな影響を及ぼした時代と事件とであり、いわば社会的環境について述べたのであった。然し人の精神の形成に影響を及ぼすものは、社会的環境のみではない事は勿論であって、人がその中に生活する自然的環境を度外視してはその人を語る事が出来ない。そこで父が少年時代を過した故郷の花巻と青年時代を過した北海道の自然と父との関係について少しく述べなければならない。さて自然と人との関係は相互的なものである。

先ず、人はその好む所に従って自然を受取る。芸術家は自然の中に美を感じ、之を再現する努力をする。軍人は軍略の目で自然を見る。政治家は利用厚生の眼を以て見る。学者は探求の眼を以て見る。従って若し、ある人が自然を如何に見て居るかが判れば、その人が如何なる人であるかが判るわけである。美の感得と再現の態度とを以て自然にのぞむものは芸術家である。真理発見の態度で望むものは学者である。さて人が夫々の目を以て自然に対すると、自然は更に進んで人に働きかけて来る。美を見出し之を再現しようという意図の下で自然に対し、その努力をつづけると、自然の力は次第にその人に働いて、その人を更によりよき芸術家につくりあげる。此処に自然と人との相互の働きが起るのである。自然がさきに人に働きかけるのか、人がさきに自然に働きかけるのか、その何れであるかは、明かではないが、恐らくは人が年齢的に一定の成長をすれば、何を自然から汲みとるべきかの心構えは、その人に内在的に発展して来るのであろう。然し此の基礎の上に更に自然によって働きかけられてその人の能力は次第に発展して行くものであろう。ともかく自然と人との相互の作用は甚だ大きいものであり、之を無視しては、人格については語り得ないと言っても過言ではない。それならば父は如何に自然を受取って居たであろうか。

次に父が少年時代及び青年時代に於て、どの様に周囲の自然を考えて居たかを知る為に、父自身が之等のもの、印象を述べたものを引用する。勿論之等の印象記は、父が老年になったから、各方面の依頼を受けて書いたものであって、必ずしもそれ等の時代に於ける印象そのものの叙述ではないが、何が最も大きな力を及ぼし、記憶として残存して居たかを示すものであって、本文の目的には充分に合致するものと信ずる。

先ず、父が少年時代の思出について書いたものの中に次の一節がある(『教育』昭和十二年一月号)即ち、「少年時代の花巻城内の思出は混々として湧出でて中々尽きぬ。元来花巻城は高地に築きたる小型の城郭であつたけれど、外濠あり内濠ありて城郭を囲んで居り而も水深く鮒其他の魚も繁殖し居り、少年輩の好き釣場処であつた。冬季間は一面凍るのであるけれども氷を割つて焚火をなせばエビ其他の小魚は爰に集まるを以て之を漁することが出来冬期間の一の楽しみであつた。然し夏には此等の堀には菱又はジュン菜が繁茂するを以て町の若者共が隊を組んで御堀の掃除に出懸け水中に音頭を上げて活動するのは中々の見物であつた。城内は勿論、外部の土手土手は杉の老木は鬱蒼として昼尚ほ暗く、夜分抔は人の往来するものなく寂しきものであつた。殊に東南部にある観音阪は急阪で、冬は氷滑りの場処であつたが、最も老杉の林立せるものであつたが、今は見る影もなく荒れ果てゝ昔の面影を認めぬ。観音阪の上には城門ありて之を守る為め番所があつたが阪を下ると足軽の詰所あつて、重役の城内に上り下りには必ず出でて立礼を為すのであつた。足軽の詰所を通れば枡形の広場あり之を過ぎれば於田屋小路と称する屋敷町に入るのであつたが、此の屋敷町は里川口と称する民家と接続して、北上川に出て川を渡れば高木と称する農村となるのであるが、高木地方は野菜の産地である為め、大根牛蒡ににんじん等の野菜を花巻の朝市に持ち来るので、於田屋小路は人の往来頻繁であつた。余はこの於田屋小路の一角に生れたもので、余の家は下町と称する商家の住する町並の処と境を接して居つたのである。此の於田屋小路の南は豊沢川が流れて北上川に注ぎ入るのであるが、その豊沢川と於田屋小路の間は田甫にして土地最も肥沃なるものである。此の田甫は余等少年時代には春になれば凧の揚げ場所で少年が群集して凧を揚げて遊び廻はつたものである。余の如きも凧の糸を以て指の間を摺り切り生疵が絶えなかつたことを記憶する。」

此の少年時代の思出の叙述は興味のあるものである。生活の中心が花巻城であった事は、武士の子として当然であったとも言えるが、城の叙景に少年らしい釣や氷滑り或は見物した若者等の活躍が点綴されるのは、父が活動的な少年であった事を示すものであろう。更に又、出生の場所の叙述に、自然の情景のみでなく、農業活動が入って来るのは之は後年の専門的修業の為もある事は勿論であるが、自然の情景よりも人間的活動の方に多く興味がひかれて居た事はおおい難い事であると考える。換言すれば、此の思い出話からの結論は、父が受取った少年時代の自然は、自然丈けでなく、その間に人間の活動が織り込まれて居たものと言わざるを得ない。城の自然描写よりも、そこに勤務する封建武士の行動に主眼を置いて居る点は興味のあるものである。もっとも城そのものは、自然物ではなく人工物であるが、出来上ったものは、自然物と変りない程自然の中に溶け込むものであるから、その体様について叙述が簡単なのは、父の自然を受入れる態度が何処にあったかを示すものであろう。

さて此の様な目を以て自然を受取って居た父に北海道がどの様にうつったかを見る事にしよう。父が始めて北海道を見たのは明治九年七月の末であった。即ち黒田長官やクラーク博士なぞ学生達をのせた玄武丸が品川から二日の航海の後函館に入港した時であった。始めて見た北海道は如何なる感想を父にあたえたであろうか。父は之については次の様に言って居る。（『北海タイムス』大正十五年五月七日）即ち、「船は二日間の航海で函館に到着し此処に初めて風物の全く異なる所謂蝦夷情緒の何たるかを知つたのである、更に船中に一泊の後小樽に入港したが当時の小樽は入舟町が僅に市街をなして居た丈で手宮に上陸すれば砂上の山手に一つの陋屋があったそれは旅館で今の越中屋である、手宮より船にて銭函に至り銭函に上陸し銭函より乗馬で札幌入りをなした、札幌学校に到着すれば、当時の札幌に対しては頗る輪奐の美を備へた宏壮なる校舎や寄宿舎が建られてあつた。」父は始めて見た北海道について感じた事は以上の如きものであった。所謂蝦夷情緒についても何も説明して居ない。但し行程の順序は極めて緊密に叙述されて居る。時間的継起については父は極めて敏感であった事が示されるが、自然の美については何等見る可き感想はない。父の見た所のものは、新しい未開の自然の地に人間の営んだ僅かな営みであった。それはまことに些些たるものではあったが、深く父の心に触れたのであったろう。少年時代に既に自然に於ける人間の営みを見た目はそのまま北海道に移されて来たが、北の未開の自然の中の小さな人間の営みは父の眼をひいた。更に一年を経た明治十年に至っては、父の眼は更に進んで来て居る。之を示すものでは父等がペンハロー教授を指導教官として行った北海道内地の探険旅行の印象である。此の旅行は明治十年の夏期休業中に石狩地方に行われたものであって、まことに大仕事であり、無人の地方を四十日余に渡って踏破したのであるが、之は恐らくはクラーク博士が残した計画に基いたものであった。此の時の北海道の自然の景観は父の眼に如何に映じたであったろうか。父は次の様に言って居る(『北海タイムス』同上)。「ペンハロー先生を指導教官とし学生の半数と、アイヌ十数人とが一隊となり丸木舟十数艘を、雁木村に艤装し豊平川を下り、石狩川に入り、それより向ふ四十日間石狩大平原の探険を行つたものである、当時の石狩大平原は無人の境土で徒らに熊狼の跳梁跋扈に任せたものである、学生等は常にクラーク先生より冒険旅行談を聞かされた事を記憶する、特にリービングストンのアフリカ探険談の如きは先生の口より親しく聴いた処で今猶耳朶に残るを覚ゆるのである、又当時の学生は皆冒険的気象に富み、且つ無人の平原を開拓せんとする気魄に満ちて居た。当時幌内炭山も未だ一塊の石炭すら掘り出されなかつた時で況や空知の資源、芦別の如きは純然たる自然の状態であつた探険の途上鮭の滝上りの奇観を見た事もある、夜は無論天幕宿泊ではない到る処で野宿を致したのである、ために四十日間の探険を終つて帰つて来た時は、皆瘧《オコリ》にかゝり、瘧に患らはされぬものは一人もなかつた、指導教官の如きは米国に帰つた後もなほ此病を断つ事が出来なかつたといふ事である。」人口の増加した今日に於ても石狩川を溯る旅行はまことに雄大な自然の景観を我々に示してくれる。七十年前の当時にあっては、その感銘はまことに深いものがあったであろう。然し父の得た感想は開拓精神の発現の方が重きをなして居り、自然の奇観は二次的となって居る。父は開拓者の眼を以て自然を見て居たので詩人の眼で見たのではなかった。

少年時代や北海道に到着当時の様な単に自然の中に人間の営みを見る丈けでなく、更に原始の自然に開拓の人工を加え様という積極的な態度に変化して居る。之はクラーク博士の清教徒的パイオニア精神によって鼓吹された事は明かであるが、一方北海道の原始的自然が、時の経過と共に、父に開拓者の目を養成しつつあったものと言わざるを得ない。又、当時の札幌について次の様に語って居る（『北海タイムス』昭和九年十月二七日）。即ち「札幌の人口は明治九年に三千に満たず、当時札幌に入るには室蘭街道を経由豊平橋を渡りて東よりするものと、一方銭函街道から円山部落を通過して西よりするものと、普通二通りの入口があつた……西部札幌の当時は西七、八丁目迄で其処には柵が立つてゐた、円山を通過して東進すると右方は開拓使設置の広大な緬羊場、左手の北方は柏林を開墾した練兵場があつて『酒田県士族開墾地』といふ棒杭が立つて居た、時の長官代理は松本十郎といふ判官で此人の郷党酒田県士族が帯刀で開墾した土地である。緬羊場は後には薮惣七といふ富豪に払下げられ、転じて北海道師範学校の敷地になり、練兵場は現に民家櫛比繁栄の場所となつてゐる。」此の記憶はまだまだ長いのであるが、あくまで自然を開拓者の眼を以て見て居る事は各所に明かに現われて居る。

少年時代には、自然の中に樹立された人間の活動に、大きな興味を持った父は、青年時代に於てはまだ人為のはいらない自然に人工を加え、人間の為に利用する事に専心して居たと思われる。父の眼は芸術家の眼ではなく、実際家の眼であった。此の自然の見方は、清教徒であるクラーク博士から教えられたばかりでなく、父の天賦であり、又自然から教えられたのであろう。米国に渡った清教徒達は芸術家ではなく、実際家の群であった。そして未開の米国の自然は彼等の奮闘を誘った。父も同じ範疇に属する人であり、同じ境遇に居たものと思われる。

明治二十年に父は岩村通俊北海道庁長官に従って上川地方を巡歴した。その時の感想を父は漢詩にして居る。夫を次に掲げる。夫は自然を詠じた詩ではなく、自然に加える人間の力を歌ったものである事は、直ちに判明するであろう。

回想上川曾遊有感

明治丁亥秋九月岩村長官巡視上川余以僚属随行焉

北海大宮岩貫堂　壮心磊落断兼剛
平生自許経綸略　期為邦家拓僻荒
憶昔明治丁亥歳　馬蹄踏破上川郷
溶々江水向西去　畳々連峰峙四方
百里平原人跡絶　榛莽連天望茫々
呦々鳴鹿不驚走　潑刺游魚似相忘
孤島掉舟秋月浴　原頭立馬菊花香
聖恩遂及離宮地　遐北新京仰徳光
嗚呼人為無限力　爾来転変幾星霜
如今文物蔚然起　狩水勝山日月長

最後に父がその住居して居る周囲の自然について述べたのをかかげよう(『北海道農業会報』昭和十四年八月追悼号)。「一歩門を出ますれば、豊平川の清流は流れて居り、その長堤は翠色濃やかに、又東を望めば十勝夕張の高峯は旭日に輝きて美はしき光景を見せます。豊平川は南より北に向ひ石狩の大江に注ぎ入るのである。僕はこの長堤三里を漫歩するときは精神の爽快を覚えるのでありますが、歩して中島遊園地に至れば文化の施設漸くその緒に就き、自然の風光と調和を取れる如きはエルムの学都たるにそむかざる如きであります。」この文中に述べた場所は父の長年好んだ散歩道であり、その景色を父は常に札幌随一であると賞して居た。此の景色が盛岡市内のある場所に似て居る事を知って居る人もあるであろう。ともかく父としては珍らしい自然美の嘆賞が右の文中に見られるが、人間の営みを附け加える事を忘れない所に父の持味を出して居る。此の賞愛した散歩道については、父は多くの漢詩を作って居る。次にその一をかかげる。之には珍らしく人工は出て来ない。大正十二年六十八歳の時の作である。

碧水淙々向北海　沿川風物入冬優
朝来踏雪到郊外　藻嶽模糊雲上浮

七、米　国

父は明治十三年七月に札幌農学校を卒業した。札幌農学校の卒業生は開拓使に就職する事に定められて居たので、父もそのコースを通って初任三十円の開拓使御用掛りとなった。之は予定のコースであるから之に対して不服を言う可きではなかったのであるが、実際に就職して却て失望したのであった。その失望の原因は、父が農学校でおさめた農学では何も出来ない事が判ったからである。何も出来ないと父が考えたのは次の様な意味であった。第一に農業学校の卒業生は、実地に農業を行う可きであったであろうか。父は小禄ながら槍一本の武士の家に生れたのであって、百姓が年貢米を納入する為に、田に畑に辛苦経営した有様を幼時に見聞したのであった。農学士は此の様な粒々辛苦を矢張り行わなければならないのであろうか。之は更に改良すべきものであるならば、その様な農業の実務に対する学校の訓練は不充分であった。又、開拓使の御用掛は俗吏にすぎない。算筆を以て農学士が勤労すべきものであるのであろうか。何れにしても父の当時の状態では、国家に奉仕する途はなかったものと言う事が出来る。まして父は、前に述べた様に、北海道の自然が人工を加えられるのを待って居るさまを胸にきざんで居たのであったから、此の仕事の為には、尚更、父が幼時見た内地府県の農業の延長は無意味であり、その為には、新しい農業が研究されなければならないと信じた。そして新しい農業法と共に北海道に適当な農業経営法が建設されなければならないと考えた。此の様に考えて来た父は、結局米国に留学して実地について学ばなければばならないと決心したのであった。此の決心に基いて、米国留学の件を開拓使の当局に陳情したのであったが之は容る所とならなかった。之はそれまでに開拓使が出した留学生が大部分成績があがらなかった為であろう。然し父の志は堅かった。最早此の時には父の精神的基礎は出来上がって居たと思われる。信仰を生活の基礎に置き、権威と戦う事は、神に許される事だという清教徒精神は、充分にクラーク博士から体得して居た。又北海道の原始的自然は開拓をせまって居た。更に又クラーク博士の「ボーイズ・ビー・アンビシャス」は常に念頭にあって覇気満々たるものがあったのである。そして此の満々たる覇気は又同時に、キリスト教の精神によって強く裏打ちされて居た。夫はクラーク博士から伝えられた清教徒精神の一とも言う事が出来る考え方である。夫は地上に神の国を打ち建てる仕事に精進すると言う考えであった。北海道の開拓にその一生を捧げる事は、札幌農学校に入学以来の父の定められたコースであった事は勿論であるが、此の仕事を積極的に遂行せしめる何等かの精神的基礎がなかったならば、父はあれほど積極的に次の様な行為を計画しなかったであろう。進んで米国に赴き研究するという事は、当時としては何人も抱いた夢であったであろうが、夫を成就した人は多くはなかった。そして若し之を成就した時、それ等の少数の人々は、中央の要路の官吏として、或は民間人として洋々たる前途が約束されたのであった。何を苦んで未開の北海道に帰ってその前途も定かでない仕事に精進する事があろう。之が何人も抱く所の考えであったであろう。然し父は米国留学帰朝後も北海道にその一身を捧げる決心でその行動を起して居たのである。勿論之は北海道の自然に深く心が惹かれたからであったであろうが、又、父としては何処で如何なる境遇にあろうとも、夫々の境遇に応じて神の国の建設に努力すべきものであるとの考えが明確に把握出来て居たからであったと思われる。此の思想は実にキリスト教の根本精神の一なのであるが、此の様な努力が何人にも許され又何人もそうしなければならない事を確立したのは清教徒の仕事であり、父は之をクラーク博士を通じて学んだのであったろう。上に述べた様に英国から米国に渡った清教徒は何も好んで移住したのではなく、止むを得ない事情の下で、英国に止まる可きを、移住を決行したのであった。此の様にその本国から、意見を異にするという理由の下で分離はしても、尚宗教心が深く、キリスト教信者であると言い得る為には、彼等は至る所でその境遇に応じて各人は神の国の建設に努力する事が出来る事を実証しなければならなかった。ニューイングランドの清教徒殖民地の建設は、まさに此の考えの実現であり、彼等は此の建設をした事によって、神の栄光をあらわしたと考えたのであった。彼等は更に此の信念の下で南北戦争を戦って勝利を得た。神の国は南方まで拡がったのであった。此の様な精神の持主である事をクラーク博士は身を以て父に示した。何人も未だ明確な知識を持って居ない日本に来るという冒険を、クラーク博士が敢てしたことは、その境遇に応じて、神の国の建設に努力し得るという堅い信念を持って居た事を示すものでなくて何であろう。クラーク博士が札幌にあった八ヶ月間に教えた所はすべて此の精神の発露であったと見る事が出来よう。上述したイエスを信ずる者の契約について考えてみよう。聖職者でないクラーク博士は、学生に洗礼を施して之をキリスト教信者とすることは、勿論出来る事ではない。然し博士は単に学生達にキリスト教を説明した丈けでは満足出来なかった。之丈けでは神の国の建設は、すすまないからである。そこでクラーク博士のとった手段は、彼等に自由な契約をなさしめる事であった。その自由な契約がどの様な拘束力を持つかは何人にも明かではなかった。之を破った者に対しても別に罰はなかった。然し若し彼等が真面目であれば、夫は信仰への確実な第一歩と見得るものであった。そして事実はクラーク博士の考えた通り彼等はすべて熱心な信者となり、その信仰は一生変る事はなかったのである。

此の様な境遇に応じ、夫々の手段によって神の栄光をあらわす事が出来、又之をなす可きものであるとの重大な教えを父はクラーク博士から学んだのであった。そして此の精神はただ精神丈けで止まる可きものではなかったので、夫は直ちに行為の上にあらわれて来たのであった。北海道の開拓に一身を捧げるという積極的な考えに強く動かされた父は、二年間の勤務の後に辞表を提出して官を辞した。米国留学の希望が容れられなかったからである。只此処で疑問となる事が一つあるのであるが、夫は此の辞職が果して合法的のものであったか否かという事である。何故ならば札幌農学校の卒業生は五年間開拓使に奉職すべき事が札幌農学校諸規則の中に定められて居たからである。然し開拓使は十五年二月に廃されて三県分治となり、札幌農学校は農商務省の所管となり、父は十五年三月に農商務省准判任御用係となって居たからその間の関係は曖昧である。兎も角渡米の志を果す為に官を辞した父は、実際は、札幌農学校という官費の学校を選ぶ程懐中は乏しかったのであるから、先ず旅費の問題に直面した。又、米国についてから何処で修業すべきの問題もついで起って来た。第一の問題は官を辞した時の勉励賞与金を基礎として漸く工面した。無論不充分であったから船は三等、汽車は移住民列車に乗じあらゆる苦心をしてニューヨークに到着したのであった。此の不足な渡米費を助ける為と更に十四年七月結婚して東京に残してある妻ヤウ（私の母）の生活の為に、盛岡時代からの友人原敬と約して原が主宰して居た大東日報に米国通信を送って稿料を得たのであった。更に第二の問題である、渡米してからの行先きについては、当時の開拓使雇の農業教師ダンの尽力で、米国農務局の紹介により、ニューヨーク市を去る五十哩のマウンテンビルにあるホートン農場で無給ではあるが、新農学士を歓迎するとの事が判ったので、その方は解決したのであった。此の農場はニューヨーク市の巨商が経営して居たのであったが、最も進歩した経営法を採って居り殊に畜産に於て優れ、優良な乳牛を飼育してバターの製造をして居り、札幌で教えを受けたペンハロー氏が研究主任であり、又場長は退職の米国陸軍少佐アルボルト氏で、其他マサチューセッツ農科大学の学士も数名居たのであった。父は農場の寄宿舎に入って約一ヶ年農場各方面の仕事の実習をなし、遂には製酪所主任としてバターの製造を行った事もあった。此の様な一年間の農場実務の実習は、父に農場に於て学ぶべきものをすべてあたえた。而も父の志した所は農業経済、或は農政であったから、農業技術を一応理解した上は、之等の方面を専門に研究しなければならないのは当然であった。然し此処にも亦学費の問題があった。ホートン農場では無給ではあったが、生活は出来たのであった。然し学校に入る為には生活費と学費が必要であった。此の問題を解決しなければならない時に、偶々米国新進の大学であって而も有名なボルチモア市のジョンズ・ホプキンス大学が懸賞論文を以て大学院研究生を募集して居るのを聞いた。此の大学院研究生は学費を支給されるのであるから、非常な好機であった。ジョンズ・ホプキンス大学は、今日ではその医学部を以て有名であるが、創設当時は人文科学方面に熱心であったのである。父は此の機会に「自由貿易論」の一篇をつくって応募したが入選はしなかった。然し審査主任のアダムス博士は、父に書を送って、ジョンズ・ホプキンス大学に来て学ぶ事をすすめた。アダムス博士は歴史を専攻して居り、又その同僚のイリー博士は経済学者であった。父は此の大学に学費についての不安はあったが、すすめられるままに入学して農政経済を研究する事とした。幸にして心配して居た学資は、ニューヨーク在勤の高橋総領事が心配し、西郷商務卿に申し立て、農商務省御用掛に任じ、米国滞在を命ずる形式で銀貨年六百円を支給される事となり、又大学からは礼遇研究生の待遇を受けたので、その心配は解消したのであった。

ジョンズ・ホプキンス大学在学中は農政及び農業経済がその研究の題目であった。前者はアダムス博士、後者はイリー博士より指導を受けたのであったが、大学の方針は詰込教育ではなく自由啓発的に研究をするのであったから、偉大な感化を在学中受けたのであった。殊に又同学の学生中には秀才が多かった為、之等から受けた感化も大きなものがあったであろう。後に大統領となったウッドロー・ウィルソンも同学であった。此の研究中に父は特別な題目として土地制度の研究を行った。父の考えによれば、土地は農業の基本であって、その制度は農業の振否に関係を有するものであるから、米国農業の根底である此の土地問題を研究すれば、北海道土地の処分や、内地の農地制度に対して何等か貢献する事が出来ると信じたのであった。此の為に米国の国領地問題(米国の独立の時の十三州に属しない土地で連邦政府の所有とされたものの処分の問題)は固より、遠くギリシャローマの土地法を研究し、又英国の最も歴史的な土地制度は独逸の森林から発生したものもあるので、明治十八年に渡欧してドイツを巡歴した。又米国では国領地事務局に入りその記録を調査し、西部の土地売払事務所にも就てその事務の状況を視察したのであった。此の研究の結果は米国土地制度史としてジョンズ・ホプキンス大学院から刊行された。

此の様な研究生活を明治十九年迄続けたのであったが、その間の学費は上述の如き方法で得、又東京に残した妻子(私の母と長姉千代子)の生活費は、東京で発行して居た明治日報という新聞に米国の経済政治等について通信を送って得たのであった。研究の結果は明治十九年にドクトル・オブ・フィロソフィの学位授与となったが、丁度此の時北海道では、その組織に変革が起って居た。即ち明治十五年に開拓使が廃されて函館、札幌、根室の三県が置かれた事は上述したが、此の三県分治は、北海道の開拓には、よいものをもたらさなかったので、明治十九年一月には、三県が廃されて北海道庁がおかれ、再び開拓行政は道庁に統一されたのであった。之等の変革に就ては後に述べるが、此の新らしく発足した北海道庁が父を如何に取扱うかは、父には不安と興味のある所であった。と言うのは、父は私費留学を許されたのであって、北海道と縁が切れたわけではなく、依然として義務年限とも言う可きものが残って居たからであった。米国にあった父の考えでは、北海道庁はかかる関係を清算するであろうから、自由の身となるのではないかというにあった。所が北海道庁は此の研究者をすてず、父に米国の土地制度、農産加工、水産製造、農業教育等を取調べて帰朝せよとの命令を送った。之は時の長官岩村通俊の考に基くものであった。此の命令による調査を父は先ずニューイングランドから始め、農事試験場其他肥料製造所等を視察し、又クラーク先生の墓に詣でたのも此の時であった。かくて帰朝したのは明治十九年八月即ち三十一歳の時であった。

以上が父の二十七歳から三十一歳までの活動である。開拓使の少官吏となり、辞して米国に学んで学を卒えて帰る迄の経過は、之を見る人に一の感を与えるであろう。夫は如何に父が幸運であったかという事である。すべての行動が先きの見透しなく行われた様であり、而もその度毎に幸運に恵まれて居る。或は父の前に道が自ずと開けて来たのであった。旅費の工面に苦しんだ米国行きは意外の助けがあたえられ、又修業の場所についても意外の助けがあらわれ、又その農場はかつて教えを受けた教官が勤めて居るのであった。又大学入学の志は立てたが学資の工面がつかない所に、懸賞論文の募集があり、夫には落選したが、直ちに救の手がのべられ、大学入学の希望は達する事が出来た。又学資の点では意外の好意があたえられた。又北海道庁が出来て従来の関係が断たれたと思えば、かえって地位があたえられた。すべて幸運の連続であり、学者としての地位と農業に関する知識とを得たのは全く幸運に基くものの如くである。何人も幸運なくしては、人生のゴールには至る事が出来ないのであるから、父が此の重大な修業期の四年間に幸運に恵まれた事は、父の後の成功に重大な関係のあった事は疑うを得ない。此の点に於て恵まれた此の時期について何人も父に祝意を表するのを惜しむ人はないであろう。然し幸運について論ずる事は止める事とし、此の時期の父について見のがす事の出来ないのは、その行動が極めて大胆になった事である。東京修学時代の悩み迷った態度は何処にもなかった。その時代の逡巡さはすべて消え去ってしまった。むしろ無謀と見える行動に出て居る。或は颯爽とは此の時の父の行動であると評する事も出来よう。幸運に恵まれなかったならば、どの様な道が父の前にあったかは一寸予断を許さなかったであろう。然し官を辞する迄は、先きの見透しがなければ容易に決断をしなかった父が、此の時期に於ては、心に期する所のあるものの如く果敢な行動に出て居る事は、父の精神的基礎が既に充分に出来上った事を示すものに外ならない。プロテスタントの信仰を基礎にした生活態度が出来上ったのであったろう。従って神に許されたと信ずる事には、その事の成否を問わず突進したのであったろう。勿論二十七歳から三十一歳という肉体的にも最もさかんな年齢であったから、此の様な行動にも出られたのであった事は、又疑う事を得ない。然し夫にもまして、その精神の盛んであった事を認めなければならない。此の神に許されたものの信念がその天賦の明せきな頭脳を充分に駆使して、その四年間の業績はまことに偉大なものがあった。ジョンズ・ホプキンス大学から刊行した米国土地制度史は今尚その価値を有し珍重されて居ると伝えられて居る。

然し父が米国滞在四ヶ年で得たものは、単に農業の知識、或は経済、歴史についての学識のみではなかった。もう一つ重要なものを父は日本に持ち帰った。夫を明かにする為には、当時の米国の状況について少しく述べなければならぬ。

父が米国に滞在した一八八二年から一八八六年には、米国は如何なる状態であったであろうか。それはまさに一八六二年から一八六五年まで続いた南北戦争後の一大変動期であり、新しいものが勃興して来た時代であったが、夫は古いものが新しい装いのもとに現われて来たものであった。夫は地域的に言えば、東北部の勃興であり、経済的には工業及び商業を中心とする資本主義的産業の興起であり、政党としては共和党の勢力の伸張であり、思想的には伝統的な清教徒思想の勝利であり、政治的にはフェデラリスト即ち中央集権派の地歩が確立した時であったのである。之等の事は反対に言えば南部地方の敗退であり、又工業が農業に代ったのであり、民主党《デモクラット》の後退であり、奴隷制の廃止であり、州権説の破壊であったのである。之等のその時代の特質はすべて相関係して居るものであるが、之を米国伝統のニューイングランド地方の新しい進出であると見る事が出来よう。前に述べた様に、ニューイングランドに移住して発展した清教徒達は、最初は産業としては農業を行って居た。然し一方南部地方に移住した人達も農業を主として居たが、東北部に比すれば土地条件が良かった為に、棉や煙草の耕作は大いに発展した。発展すると共にその経営は大規模となったが、夫は奴隷制を採用する事によって大となったのであった。然るに之に対し東北部の農業は此の様な大農的発展をとげ得る丈けの条件を持って居なかった。然し米国が独立した時はその中心となった人々は東北部の人々であり、彼等はその建設的天才によって建国の基礎をきずき強固な中央政府をつくりあげたのであった。彼等はフェデラリスト(連邦政府支持者)と呼ばれるのであるが、彼等は優秀な少数者の指導を信ずる点に於て保守的であって、之は又清教徒本来の政治に対する態度なのであった。そして十九世紀後半に於て米国は迅速且つ強力に「経済革命」をなし遂げ、新しい工業の中心となった東北部はめざましい経済的発展をとげその勢力下に西部を包含し、南部にその勢力を伸張したのであった。而も彼等は南部の奴隷制に対し伝統的な清教徒等の道徳観から強く之が廃止を唱道した。然るに此の奴隷廃止は南部の死活問題であるから、南部地方は之に反対し、「各州権利」の存在を主張し中央政府による干渉を排除しようとした。此の様な対立の結果が南北戦争となったのであるが、戦争は北軍の勝利に帰し、その結果、上に述べた様な事柄がもたらされたのであった。即ち、奴隷制は廃止され、連邦は維持され、資本主義的産業国としての米国が発展して来たのである。之等は又伝統的ピューリタニズムの勝利とも見る事が出来るのであって、清教徒の連邦維持的政治傾向や資本主義的発展に対するプロテスタンティズムの寄与については、之を特に述べないが、之等のものの間の深い関係は何れも証明された事柄なのである。

さて此の様な米国の状態は、日本の若い留学生である父に如何なる印象をあたえたであったろうか。元来父は、クラーク博士からピューリタンとしての修養をあたえられ、之を最上のものと信じてその日本における青年時代を過して来た。今、志を立てて米国に渡って見れば、米国はまさにそのピューリタニズムの勝利と発展の時代であった。その状況を父は目のあたり見たのであった。クラーク博士ののこしたビー・アンビシャスが実現された時には、此の様な姿となる事を父は実見したのであった。ピューリタニズムが最も優れたものである事を事実の上で悟ったのであった。此の場合ピューリタニズムは種々な内容を持って居た。信仰を基礎とした生活、権威に対する反抗と妥協は既に父が札幌に於て学んだ所であったが、米国に於ては更にピューリタニズムが工業を中心とする資本主義的産業の発展にまで進むのを見た。思想と経済とが不可分に結び付いて居るのを見た。堅固な道徳心の発揮と資本の保持発展とが不可分である事を悟った。生活は信仰の基礎の上に立てられ、更にあくまで発展する資本が夫に加えられなければならなかった。かくてこそ人の全き生活があり得る事を悟ったのであった。此の様にして父の人間としての発展は完成した。米国に於て学者として完成したばかりか、人間として充分の生活力を得て父は帰朝したのであった。帰朝後の活動は以上の修養時代に得た所のものの線に沿って行われていったのである。

八、札幌農学校の危機（その一）

四年の留学を卒えて札幌に帰った父は母校である札幌農学校の運命が危機にのぞんで居るのを見出した。即ち中央に於て札幌農学校の存廃が問題となって居り、大勢は廃止に傾いて居たのであった。あれほど大きな期待を以て、はるばる米国から指導者を招いてスタートした札幌農学校が、その正規のコースを開始してから僅か十年で、廃止の運命にのぞむ様になったのは、如何なる理由に基くものであったろうか。此の事を理解する為には、明治初年の政治情勢と北海道の開拓との関係、更に之等のものと札幌農学校との関係について、少し知らなければならない。父が帰朝早々に直面した此の大事件は、父が社会に出て初めて経験した政治面との折衝を含んで居るものであって、之を巧みに乗り切る事の出来た父は、以後引継いで起って来た数多くの同じ様な事件を自己に有利に処理して行く事が出来たのであった。此の意味に於ても此の最初の事件は大きな試錬として見る可きものであった。

此の父が第一に遭遇した難問題の性質を理解する為には、札幌農学校が開拓使の学校であった事を先ず想起しなければならない。札幌農学校の成立について上に述べた時、東京に設けられた開拓使仮学校が札幌に移されて札幌農学校となった事を述べた。即ち札幌農学校は、先ず開拓使の管轄の下にあったのである。そして又夫は、上にも述べた通り、黒田清隆が開拓使次官の時に熱心に主張して出来たものであり、その内容についても黒田は熱心に研究し、又その発展は彼が大いに関心を持った所であった。最も黒田は単に札幌農学校のみでなく、北海道開拓全般に亘って頗る熱心であり、又その治政も彼が大部分の生活を東京で送ったにも拘らず大いに見る可きものがあったと言わなければならない。元来開拓使は明治二年に北方の領土の重大性が認識されて、北海道樺太の経営の為に置かれたものであった。然し明治政府が此の機に北海道や樺太の重大性を認識したのは、主として国防上の見地からであったから、その経営の方法は先ず有力な諸藩及び其他の分領に依る事となったのは当然であった。然し此の様な方法による経験が成績をあげ得る筈はなかったので、明治四年に全国の廃藩置県が断行されると共に、此の制度は廃せられて全道は画一されて開拓使に属する事となった。之は開拓の一大進歩を示すものであるが、此の英断は黒田次官の意見に基くものであった。黒田の意見は頗る革新的であって、米国人顧問の招聘は彼の主張した所であったが、又明治四年から十年間を目標とする経費の支出が決定されたのであった。即ち所謂開拓使十年計画が樹立され実行に移されて行ったのであった。此の十年計画がどの様に実行されたか、更に又今日の北海道に此の十年計画がどの様な貢献をしたかを此処で論ずる余裕はないが、ともかく、政府は北海道開拓の費用として当時の政府としては極めて多額であり、而も最初計画した予算の倍額以上である二千万円を支出したのであった。その費用の多額な割りに開拓の実績が上って居ないとの非難も当時既にあったのであった。之は黒田長官その人が常に東京に居て、北海道に来る事は稀であり、その為現地の部下の監督が充分でなかった事もその理由の一であったと考えられる。ともかく黒田は人物も偉大であり、開拓には頗る熱心ではあったが、元来開拓は一朝一夕で出来る仕事ではなく、まして黒田の計画は遠大であったから、開拓のまだ初期にはその成績があがらないものと批判されても致し方のない所であったろう。その成績はともかく開拓使そのものは最初の予定の通り十四年に廃止される事となって居た。所が当時、明治政府は、工業誘致の方針を樹立し、官営諸工業を次第に民間に払下げる事とした。北海道では明治四年の改革以来此の種の官営工場が多く建設されたので、かかる工場は、政府の方針に従って民間に払下げられる事は必然であった。即ち十四年には、民間の上申によって適当と認められるものに対しては之が貸下払下を開始する事となった。之は日本全体を通じての政府の方針であり、又当時の自由主義的情勢に応ずる適切な施策であり、更に又北海道の開拓の方針としては、妥当なものと見て差支えないものであった。所が此の別に問題になりそうもない払下の問題が政治上の大波瀾をまき起す事となったのである。

以上に述べた政府及び開拓使の方針に従って、多数の開拓使所管工場及び其他の官有物の払下げを受けて、之等の事業を継続する目的を持って関西貿易会社と称する一会社が設立された。夫は大阪の豪商五代友厚、中野悟一等が開拓使大書記官安田定則等と相提携して計画したものであって、安田等は払下の後退官して会社に入る事となって居た。その払下代金は三十八万円三十ヶ年賦であった。此の払下の願書は十四年七月に黒田の許に提出されたが、黒田は之を受理しその認許を中央政府に切望した。此の黒田長官の希望は当然政府に容れらる可き性質のものであった。払下そのものは別に大した問題ではなく、若し此の会社が経営出来なければ、他のものが代り得るのであるから、自由経済の時代では、此の事は左程大きな問題ではあり得なかったのである。所が事実は、之は政界の大問題となった。之は当時の明治政府が、明治維新後の時勢に処するにはまだ微力であった事に基いたものであった。政府の中心である薩長の人々、現実には伊藤博文等に対し、此の情勢では志をのばす事の出来ない人々は――その代表は大隈重信であった――民間の反藩閥の人々と結んで事毎に薩長派と対抗して居た。之は見方によっては、藩閥に対抗する自由の叫びであるが、又見方によっては、伊藤一派対大隈一派の間の一種の政争にすぎないものであった。その唱える自由が真に自覚されたものであるか否かが疑わしいと考えると此の後者の見方が有利になって来るのである。当時の政府内にあって、薩長に対抗したのは肥前出身の大隈重信であり、大隈は才気煥発、政治手腕もあり、又言論の雄でもあったが、功を急いでやりすぎの傾きがあったので、政府部内では大隈排斥の空気が濃厚になって居た。従って明治十四年頃には大隈は何時その政治的地歩を失うか判らない状態にあったので、大隈としては何等かの手段によって此の状態を打破しなければならないと考えて居たのであった。此の時起ったのが北海道官有物払下問題であった。此の問題は上述した通り必ずしも不当な方法でなく、むしろ適当な施策とも考えられるものであるが、藩閥攻撃の機を狙って居た大隈は猛然立って之に反対し、又大隈と相通じて居た言論機関はあげて黒田と閥族とを攻撃して止まなかった。元来此の払下問題は未だ政府部内の問題にすぎなかったのであるが、大隈は内部でその不可を説き、又外部にその内容を洩らして攻撃せしめた。北海道に関する事件で中央の新聞がかくも大きく取りあげたのは恐らく之が最初であったであろう。そして全国の新聞も亦之に和して政府攻撃の火の手をあげたのであった。此の内外からの攻撃は政府をして混迷せしめたのであったが、薩長政治家はあくまでも大隈を閣外に放逐して彼等の陣営を強固にする決心を固めたのであった。然し一方政府ではこれ程まで高まった輿論を無視する事も出来ず大隈と共に黒田を辞職せしむる事に決したのであった。そして同時に開拓使官有物払下処分は中止せしめる事とした。此の事件は唯、払下が中止され黒田が長官を辞した丈けではなかった。予定して居た開拓使が廃止と共に此の事件を契機として今まで進んで来た開拓の方針がその中心を失ったのであった。上述した通り黒田の方針通り十年間進んで来た開拓行政が意外な政争にまきこまれて、その行く手をたち切られ、北海道開拓は改めて出発する事となったのである。そして黒田の行った仕事は、すべて一先ず検討を受ける事となった。中央の政治情勢が如何に北海道に影響を及ぼすかの事実を明治以降始めて此の事件が示したのであった。

此の様な政治情勢の中に十五年二月に開拓使は廃止されその所管地は函館、札幌、根室の三県に分けられ、之等の県政庁に属しないと考えられる施設は中央各省に附属せしめられる事となった。そして此の改革に伴って札幌農学校は十五年三月に農商務省に移管となった。

父が札幌農学校を卒業したのは、明治十三年であって、まだ札幌農学校が開拓使に属して居た時であった。そして開拓使御用係となって居たが開拓使廃止によって十五年三月に札幌県には入らず農商務省に入ったのであった。そしてその年の六月に上述した通り辞職して米国に渡った。父が米国に居る間に、北海道の開拓行政や札幌農学校に引続いて大きな変化があった。第一に十五年に設けられた三県制度、各省分配制度は、到底成功し得られないものである事が明かとなった。本来統一して行わる可き開拓行政が三県の分立によって何等の得る所のないのは最初から明かであったのであるが、黒田に対する反感を緩和する為と、政府部内に於ても黒田のやり方を快く思って居なかった人々によって、黒田とは全く反対の方針が反動的にとられて行ったのであった。然し廃使置県の間違って居た事は次第に明かとなり、明治十九年には北海道庁が設置されて開拓行政は統一され、拓殖事業はその軌道に乗る事となったのであった。そして最初の北海道庁長官は岩村通俊であった。

さて之等の開拓行政上の幾多の変革を通じて、父は米国にあっても、札幌農学校との縁が切れたわけではなかった。十五年に開拓使が廃せられた時、札幌県に入らないで農商務省に入ったのは、札幌農学校に関係があったからであった。即ち卒業後は開拓使に奉職はして居たが、ブルックス教師を助けて本科一年級の為めに農業実習を担当して居たのであった。そして又渡米後ジョンズ・ホプキンス大学に入学はしたものの学資の見込がなかった時、再び農商務御用係となる事が出来たが、その時の命令は次の様なものであった。

一、米国滞留年限は自今満二年間と予定し帰朝の上は札幌農学校へ奉職すべき儀と相心得農学上必要の事項を調査する事

二、彼地の農業上の実況を査察し就中北海道開拓殖民上に関する有益の方法を具申する事

三、凡そ農工商務の景況参考となるべき事柄は見聞の時々詳細報告すること

此の様な命令であったから、帰朝後札幌農学校に奉職する事は定まって居たのであったが、三県が廃止されて北海道庁が置かれると共に、札幌農学校は農商務省内の北海道事業管理局の所轄から北海道庁に移管される事となった。之は十九年二月の事である。之に従って米国滞在中の父は新たに北海道庁属に任ぜられた。之も札幌農学校と関係のある事を前提として

の事であったと考えられる。

此の様に自ら進んで私費の而も苦学で行った渡米研究であったが、その間でも札幌農学校との縁は切れず、米国での生活を助けた日本政府からの給与は何れも札幌農学校に奉職する事を条件とするものであったから、父は充分の希望を札幌農学校に置いて帰朝したであろう事は想像に難くない所である。所が上に詳述した様な事情から北海道の拓殖行政は一大変革期にあった。元来、三県を廃して北海道庁が置かれたのは明治十八年に伊藤参議の命によって北海道を調査した伊藤の秘書官金子堅太郎の復命書に基くものであった。此の復命書は金子の性格を露呈して、鋭い観察と実際的な意見とを含むものであり、三県の廃止と統一した開拓官庁設置の必要を説いた優れたものであった。然し金子は黒田の雄大な施策を理解するには、あまりに実際的な人物であった。彼は札幌農学校については、札幌農学校の教授法はあまりに学理にはしり実地に疎である旨を復命したのであった。元来、未だ開拓されない北海道に高等教育機関を置く事は尚早であるとの一の常識論も充分成立し得るのであるが、之を押し切りその上米国から教師を招く英断を行ったのが黒田長官であった。黒田は土地の開拓には教育を施して人材をつくる事を以て第一の要義としなければならぬとの意見を常に抱いて居たのであった。之は頗る卓見であって、此の様な卓見によってこそ、開拓永遠の計がたてられるのであるが、此の様な遠大な将来の効果をめざす施設が、速効をあげ得ない事も亦当然であった。それ故に此の様な実際的見地に立つ反対論も有力であり得るのであった。此の様に開拓の方針そのものに遠大なものと速効的なものとがあり、而も官有物払下事件にからんで、黒田を頭首とする遠大派は影をひそめた形となったのであった。否、黒田の失脚と共にその方針が再検討された時、目につく弊は、そのあまりに遠大な計画の面のものばかりであった。実はそれが効果的なものであるか否かは、五十年百年の後をまたなければ判明しないものなのであったから、その様な時まで待たないで、攻撃するには屈強な材料であったのであり、たとえ金子が黒田に何等の反感を持っては居なかったとしても、此の新進気鋭の青年官僚が、先輩の失敗をついて功名手柄をするには、まことに格好な材料なのであった。その上明治時代は西欧文化の吸収期をすぎて早くも当時反動期に入りつつあった。此の様な状勢下に札幌農学校が実際派の攻撃材料の一にあげられた事は当然でもあったが、又札幌農学校としては、まことに迷惑な次第であった。大勢は金子書記官の報告によって、札幌農学校廃止に傾いて居たのであった。明治十四年の政争と政変が時代の波と共に此処まで波及して来たのであった。然し事態は必ずしも廃止に決定して居たわけではなく、廃止に傾きつつ岩村新長官の決裁を待って居たわけであった。

丁度此の時、此の母校の運命が決しようとする時に、父は米国から帰朝したのであった。帰朝した父の第一の仕事は、岩村長官に米国で行う様に命ぜられた調査の復命をする事であった。此の復命の成功によって札幌農学校の存続が決定され、父の運命も亦好転したのであった。帰朝早々出あった一大難関を父は巧みに切り抜ける事が出来たのであって、之は父としては札幌農学校及び自己の運命をかけた重要な会見であった。此の会見が十九年の何月何日に行われたかは明かでないのが残念であるが、ともかく父は一生の間、岩村長官に感謝する事が大であった。長官の揮毫した一軸を家宝とする様私に遺言して居る事から見てもその恩誼に感ずる事が如何に深かったかが知られよう。事実、長官が札幌農学校存続を決したのは、父の力と言うよりは寧ろ岩村長官の達識と言う方が適当であるかも知れない。如何に米国から帰朝早々の新知識であっても未だ三十一歳の白面の青年である父の言を容れたのは、長官の明敏達識と大度量によるものと考える方が妥当であろう。此の時の復命の模様を父は次の様に述べて居る(『現代』昭和六年三月号)。

「その時長官には初対面であつたが、『何から復命を致しませう』と尋ねた所が『教育のことを一ツ聴かして呉れ』と言はれる。と云ふのは札幌農学校といふものは当時一ツの問題になつて居つた。それは北海道の如き未開の土地に高等教育機関を置くといふことが早過ぎるといふ議論であつた。もともと札幌農学校を起した黒田長官は頗る達見の士である。さう云ふ達見が誰にでも容れられる筈はない。札幌農学校の存続が問題にされ出したのも一応は尤もな話である。しかし、私は岩村長官に云つた。

『北海道を拓かうとしたら農業を棄てゝ何がありますか。農事の進歩は近来の学術の進歩に俟たなければならない。我国で以て農業の教育を廃するといふことは根本を断つやうなものであるから、国費の多少の支出の如きものは顧みる必要はない。土地が開け、人民が進み、物産が殖えて来れば、国家が費した以上のものが上つて国の富は進むものである。学術に根柢を置かないでどうして拓殖の事業が立ちますか』といふことを繰返し繰返し話した。初対面であつたに拘らず日曜の朝行つて、昼飯を御馳走になつて午後まで続けたが私の精神が能く分つた。

『よし、その精神でやらう』

と、大きな決心を示して呉れたのである。

『それには農業ばかりではいけません。亜米利加辺りを視察して見るに、国を開くには工業の力に俟たなければならない、道路を通じなければならぬ、鉄道を敷設しなければならない、港湾を築かなければならない、これらは農業の教育では出来ませぬから、工業の教育を併せて行ふ様にしなければなりませぬ、農工の教育をやる様にしたら宜しいでせう』と進言した。それも直ちに容れて呉れた。」

此の岩村長官に対する復命について重要視すべき点が三つある。第一は敢て此の様な進言をした勇気が何処から来たかという点であり、第二は農業とならんで工業教育を提言したその考は何処で得たかと言う点で、第三は之によって札幌農学校が新しく出発し、父の生涯の運命が一応定まった点である。第一の点が何故に重要であるかと言えば、如何に母校愛に燃えて居たとは言え、当時の政治状勢からして当然廃止に傾いて居たものを、敢然として之を阻止し更にその発展を企図する事は、当時としては全く無謀と言う可き事であった。まして岩村長官が如何なる人物であり、如何なる意図を抱いて居たかは、新帰朝者の父が知る所は全くなかったのであった。それであるから若し父が身の安全を計る人物であったならば、大勢に適応し唯々諾々として長官の意のある所に従い、かくする事によって身の栄達を計ったであろう。又若し父が札幌農学校でクラーク博士の教えを受けず、又、米国で清教徒精神が実現した所を体得して来なかったならば、当然かくの如き行動に出たであったろう。然し上述した通り、信ずる所に従って権威に反抗し、また、之に妥協する事によって、己の道を行く事が出来、又かくする事が神の意に従うものである事を体得して居た父は、敢然として自己の意のある処を説いたのであった。父は上に述べた回顧録では別に述べては居ないのであるが、繰返し話したと言う所から見れば、相当激しく論議をしたのではないかと思われる。長官が大きな決心を示したと言うのは、それまでの長官の考が変化した事を意味して居るのであるから、父の努力が並々ならぬものであった事が明かであると共に、夫は相当に長官の本来の意に反したものであった事が知られる。父が長い修業時代に体得した精神は、実社会に出た第一歩に於て用いられ、而も成功したのであった。勿論之には長官と共有に持って居た北海道開拓に対する熱意が大きな働きをした事は疑うを得ない。以後父の行動の準則はすべて之であったのである。第二の点は、父の米国で学んだ所を如実に現わして居る。上に述べた通り南北戦争後の米国はニューイングランド地方の工業勃興の時代であり、夫は又清教徒精神の勝利でもあったのである。之を北海道に移す事は、清教徒の精神を体得した父としては当然に考えなければならない事であった。第三の点は別に詳述するを要する点があるが、ともかく新しい出発をする事となった札幌農学校に父は十九年十二月に教授に任ぜられた。札幌農学校の卒業生であって札幌農学校官制の上で教授となったのは父が最初であったのである。

此の時岩村長官に口頭で復命した事項は、後に復命書として提出された。その原本は今何処にあるか明かでないが、私の手許にその草稿が保存されて居る。実際に提出されたものとその草稿とがどれ程の違いがあるか之も明かでないが、此の復命書は極めて興味のあるものであって、それを読めば青年佐藤昌介の意気と学問とが何人にも看取されるであろう。復命書は二部から成って居り、第一部は札幌農学校について、米国の農学校の状況と札幌農学校の進路を示して居り、第二部は北海道拓殖上の意見であって、米国の国領地や移民についての状況をのべ北海道の移民についての意見をのべて居る。国領地についての叙述はジョンズ・ホプキンス大学の学位論文の要綱であって学問的価値の高いものである。全巻を通じて漢文調で書かれて居るのは頗る興味が深いとも言わざるを得ない。之が四年間米国に留学して帰朝したばかりの青年学徒の手になったものとは一寸考えられないであろう。その思想はともかく表現の技術の点では、父が少年時代に学んだ漢学が大きな力を持って居た事が知られるであろう。

以上の様にして岩村長官の達識と度量とはよく父の言を容れ十九年の十二月には札幌農学校の官制が発布され、又二十年三月には、工学科及び簡易農学科が設置される事となった。之で札幌学校の基礎は一応確固たるものになったのであったが、更に必要な事は、農学校としての実習用として、又学校の基本財産として農場を所有する事であった。学校がその経営の為に基本財産を有しなければならない事は、米国の農学校の制度を視察して来た父が深く感じた所であった。若し学校が基本財産を有しないならば、政治上の変転によってその運命は左右される事となり、永遠の計を建てなければならない教育事業は之を行う事を得ないであろう。その上経済的独立と発展と言う事はプロテスタンティズムと深い関連のある考え方であった。米国の学校が基本財産を有して居るのは、一時は此の様な見地に基いて居る事は明かであり、父が帰朝早々経験した中央の政変と札幌農学校の運命と言う大問題は益々此の感を深めたのであった。之は上に述べた岩村長官の復命書中にも書いてあるのであるが、米国の土地政策は、教育の将来を考えて国有地を処分する場合には六哩四方に必らず二区画千二百エーカーの土地を小学校用地としてその町村に付与したのであった。その外各州毎に、その選出した下院議員一人に対して三万エーカーの国有地を付与して之を農科大学の財産となしたのであった。此の外に個人からの寄附がある為に米国の大学は大きな財産を有しその経済的基礎は極めて強固なものが多いのである。

此の様な制度を札幌農学校に取入れる事は理想ではあったが、政治の体様の異る日本では到底実現する事は出来なかった。若し此の様な方向に札幌農学校をもって行こうとすれば夫は私立の学校となるより外に方法はなかったであろう。然し元来札幌農学校は官立として出発したものであり、又官立である事が当時の状勢としては望ましい事であった。若し出来得れば米国の私立大学の様に多額の基本財産を得、而も政府から独立したものになる事が理想であったであろう。然し此の事は到底直ちに実現する事は不可能であった。漸進主義は父のモットーであり、最もとり易い道を選び妥協も又辞さない考えの所有者であったので、此の様な遠い理想への道の第一歩として、新しく発足する事となった札幌農学校に対して父がとった方法は、実習農場の設置であった。之れであれば当然必要なものであり、たとえその面積が今日の考えとして学生用としては頗る広大にすぎるものであっても、当時は北海道の開拓が札幌農学校の使命であったから、未開の土地を所有する事となれば如何に大面積でも理由はたったのであった。

元来明治九年に札幌農学校が出来た時、学生の実習農場として、開拓使は土地を札幌農学校にあたえたのであった。之は当時農校園と称して居たものであって、その場所は、今日の北海道大学の第二農場と称されて居る場所であって此処に新式の家畜房を建て乳牛を米国から輸入して農牧の経営をなしたのであり、学生は殆ど毎日実習に来たものであった。さて明治十九年に札幌農学校が新しくスタートする時、新しい土地が札幌農学校にあたえられた。夫は今日北海道大学が敷地として使用して居る土地と第一農場と称して居る所の部分とであった。此の土地は元来札幌農学校が所有して居た実習場の隣であり北海道庁に属する勧業試験場の育種場であった。此の広い土地が与えられたのは岩村長官の英断に基くものであった。即ち岩村長官は北海道の農業経営は内地府県と異って、牛馬や機械を使用しなければならず、経営の規模が大となるのであるから、どうしても新しい見地から農業指導をしなければならない。その為には札幌農学校に簡易な学理と実際とを兼ねて教育する機関をつくらなければならず、その為には実習農場がより以上に必要であるとの見地から主管替によって此の土地をあたえたと言う事になって居る。此の様な長官の考えの基礎となったのが、父の建策である事は言う迄もなく、之によって札幌農学校は在来のものと合してその第一の土地財産を有し得る事となったのであって、かくして後の北海道大学の基礎が出来たのであった。此の様な方法による土地財産の取得はなお続いた。即ち、明治二十一年十月には今日の第四農場(石狩郡豊平町簾舞)が、又二十二年には今日の第三農場(札幌郡札幌村烈々布)が、何れも北海道庁から交付された。地積は前者が六百町歩後者が三百町歩であった。第四農場は傾斜地であり第三農場は泥炭地であって、その開墾の方法も自ら異ならざるを得ないのであるから、開墾の方法を示す為に札幌農学校が之等の異った性質の土地を所有する事は、頗る理由のある事であった。北海道庁の拓殖政策と歩調を一にして札幌農学校が進む事は、極めて必要な事である事は言う迄もない。然し又一方から言えば、札幌農学校は先ず敷地、実習地を得、ついで得た土地は開墾の上は当然財産となる性質のものであったから、此の様な方法で着々とその基礎を固めて行ったとも考える事が出来るのであって、父の考えはまさに、学生の実習、経済的独立、北海道開拓と言う一石三鳥を狙っての仕事であったであろう。そして之にも岩村長官や北海道庁当局と極めて密接な連絡のあった事は勿論であって、政治或は行政と歩を一にして、而も自己の目的に向って進む術は既に体得して居たと思われるのである。然しながら之等の土地から生ずるであろう所の収益を札幌農学校が使用する事が出来る為には、まだいろいろの難関があった。と言うのは、父が此の様にして大学の為に取得した土地は、父の考えでは大学の基本財産なのであったが、官立の学校が基本財産を持つと言う考えは、当時は勿論まだ理解されて居らず、又北海道庁としても実習或は開拓の為に主管替をしたものと考えて居たから、将来それが利益を生み出した場合にどうするかと言う事までは考えて居なかったからである。つまり父の考えは未だ理解されず又援助もされなかった。此の為に本来の目的を達する為にはいろいろな苦心をしなければならなかったのであるが、夫を述べる前に更に一つ札幌農学校が遭遇した難関について述べなければならない。此の難関は実は他愛なく解消したものがあったが、当時としては大問題であったであろう。夫は端的に言えば閣内の大臣間の勢力争いに基くものとも言う可きものであった。之は前の廃校事件が伊藤、大隈の勢力争いから波及したのと同じ種類のものであった。前の場合では、その争いは或は藩閥対自由派と言う名を付ける事が出来たかも知れないが、今度はその様なものではなかった。強いて名前を付するならば、藩閥が姿を消し始め、之に代って官僚が擡頭しようとする所であり、その官僚の特色であるセクショナリズムの萌芽とも言う事の出来るものであった。即ち当時の文部大臣である森有礼から出た札幌農学校に対する苦情であった。元来日本の教育制度は明治五年にはじめて「学制」が定められてから、いろいろな改正を経たのであって一貫したものはなかったのであり、札幌農学校の様な高等程度の学校が開拓使や北海道庁の管轄下にあった事は、今日の眼から見れば不思議であるが、当時としては別に不思議ではなかったであろう。然し明治十八年十二月に内閣官制が確立し、二十三年からは帝国議会が開設される事となり、諸般の制度がようやく整って来ると共に、藩閥は次第に姿をかくす可き運命に置かれて居た。元来、廃藩置県と共に藩閥は消滅すべきものであったのであり、国内の自由な交通が許される時代に藩閥が長くその命脈を保ち得ないのは自明の理であって、既に国会開設をまたないで藩閥の勢力は下から消滅しつつあった。下からと言うのは上部に残った藩閥出身者はあったが、教育の普及と共に後継者はあらゆる方面から現われて来たからであった。此の様に教育の普及は藩閥の消滅に大きな効果があったのであるが、之に代るものとして各種の制度の確立と共に、官僚が擡頭して来たのであった。森有礼は十八年に文部大臣となったのであるが、彼がかねて懐抱した教育上の理想に基いて学制の刷新を企図して十九年三月には勅令として帝国大学令を発令し、ついで四月には小学校令、中学校令、師範学校令を発布した、之等は学校令と総称されるものであるが、此の学校令及び之に伴う一系の規則によって我国の学制は統一されたのであった。森は此の外にも太平洋戦争終了までの日本の教育制度の基礎をつくったのであった。此の様に森は日本の教育制度に大きな功績を残した人物であったが、その仕事がすべて勅令の形で行われた所に――勿論当時は未だ法律はなかったが――その仕事の性質が画一的、官僚的である色彩を充分に有して居るのであって、此の様な画一的な教育制度が果して教育の本質に合して居るか否かは問題であるのであるが明治時代がその時その自由な時期を早くもすぎて、官僚勢力の時代に入りつつあった証拠とも見る事が出来よう。

さて上述した様に札幌農学校は開拓使の所轄から農商務省内の北海道事業管理局の所轄となり更に北海道庁の所管となった。そして北海道庁は総理大臣に直属して居たので、森文部大臣は以上の様な画期的な教育制度の改革を行って居たにも拘らず札幌農学校に対しては一指も触れる事が出来なかった。而も札幌農学校は父が帰朝してから、官制を発布し、農学科の外に工学科が置かれる等大変革が行われて居たのであった。苟も高等教育を行う学校であって文部大臣の権限の外にある事は、画一的教育行政の主唱者であり実行者であった森が欲しない所であったのは当然である。此の為に森は岩村長官に対して種々聞きただしたのであったが、岩村長官から札幌農学校の改革は、父の言によって行われた事を聞き、父を東京に呼んで直接聞きただす事となった。明治二十一年の事である。父は此の時は充分の覚悟をしたであったであろうが、自ら信ずる所がある場合の権威者との抗争折衝については、最早充分の自信があるから、直ちに意見書を認め東京に持参して森に提出した。此の意見書の草稿は今私の手許にあるが、その内容は、先ず日本に於ける農業開拓の急務を述べ農業改良の必要を説きついでドイツの例をひいて農学校の必要な事を力説し、外国の農法を取入れる事の出来るのは北海道の地でありその為には札幌農学校がなくてはならぬ存在であるとし、更に進んで屯田兵と称する兵農移民者があるので之の指導者たる者を養成する機関としても札幌農学校が必要である事を説いて居る。

此の意見書を見た森はさすがに進歩的な頭脳の持主であって、札幌農学校に対し特に自己の権限を主張するような事はなくかえって父の意見を容れて屯田兵士官の教育を札幌農学校にさせる事となった。即ち二十二年には兵学科が設けられその卒業生は屯田兵士官に採用される事となったが、之は卒業生を出さないで終った。又兵学科別科を設けたが之は二回卒業生を出した丈けで終った。此の様に屯田兵士官の養成は失敗に終ったわけであったが、父としては恐らく之はどうでもよかった事であったであろう。森文部大臣の意が何処にあるのか判明しないので、いろいろな存在の理由をならべたのであったであろう。案外に予期しないものが、森の気に入って札幌農学校は意外の好意を得たわけであった。然し若し森が生きて居たならば此のさきにはどの様な事が起ったか判らなかったであろうが、森は明治二十二年に刺客の手によって斃れその後の文部大臣は森程の人物がなかった為別に問題もなく経過して行ったのであった。

九、札幌農学校の危機(その二)

札幌農学校の危機は再び明治二十六年に訪れた。此の時も亦廃校か否かの岐路に置かれたのであった。而も此の時も、北海道と関係のない中央政界の事情によって此の危局が起ったのである。前と同じ政争の余波であった。その次第を次に述べよう。先ず憲法発布に溯らなければならない。

明治二十年二月十一日に明治憲法が発布された。その内容は必ずしも非民主的ではなかったが、非民主的に運用しようと思えば、夫は可能である様な規定が多かった。此の様な何れとも運用の出来る様な形式で明治憲法が規定された事は、必ずしもその制定にあたった当局者の非民主的な思想丈に基くものと言う事は出来ず、その内容を仔細に検討する事の出来なかった当時の国民の政治的水準にも一半の罪はあり、又天皇が日本の独特な存在であった事も、あずかって大いに力があったと言わなければならない。何故ならば明治憲法では、すべて統治権は天皇が総攬せられるものと定めたのであった。それ故に国民の権利の保障やあらゆる民主的な規定は、此の天皇の統治権によって、当然制限を受ける事となり、結局は此の様な権利の保障の規定の如きものは無用となる場合が生じて来、極端に言えば憲法そのものも別に定める必要はない事にもなるのであった。然し国民一般の感情としては、天皇を此の様な制度上の、或は法律上の存在とは考えて居ないのであって、天皇はむしろ国民感情上の存在であった。天皇に対する忠誠の念は、国民生活の中心であり、天皇の命であれば国民は水火の中に喜んで入ったが、それは別に制度上の法律や命令である必要はなかった。天皇はその様な制度法律からは、超然たる存在と考えられて居たから、統治権を総攬すると言う規定そのものも、国民の多くはその様な意味にとり、又たとえ、法律上天皇がその権限を行使されるとしても、国民を不幸に導く様に行使する筈がない、その様な事があり得ないと言うのが、天皇に対する国民感情であり、国民の信念であった。此の様な天皇に対する考え方はまことに美わしいものであり、又天皇も長い歴史を通じて此の様に行動されて来たのであったからこれこそ、国体の精華と言う言葉で表現すべきものであり、世界に誇る価値のあるものであろう。然し此の様な美しい感情も夫れ丈けを通じて法律制度の面を見るとなると甚だ単純素樸で到底その用に耐えないのである。法律制度は感情によって見る可きものではなく、その論理的な結果によって見る可きものである。天皇を崇敬する事と、その崇敬のあまり、制度の上で天皇が万能である事を認める事とは、別の事でなければならないのである。それならば天皇は此の国民の信念を利用して何事かを自己自身の利益の為にのみされるのかと言えばその様な事例は、日本の歴史の上で一回も起らなかったと言うが出来る。又それであればこそ、国民の此の様な天皇に対する崇敬の念が起ったわけである。それならば、此の様な事実を法律制度に表現して何故いけないのか。その理由は極めて簡単であって、或者が天皇と国民との間に介在して天皇の権威を利用し、天皇に対する国民の絶対服従を悪用して、之を自己の利益に用いる事が、此の様な制度の上では充分に可能であるからであった。此の介在する人物は、制度の上で当然に認められるものもあり、然らざるものもあったが、多くは此の制度上の存在即ち官僚、軍部と呼ばれる人々であったのである。之等の存在は、憲法上当然に天皇を助ける地位にあり、その地位の上から一般国民とは違って天皇に近いものであり、やり方によっては自由に天皇を通じて国民を動かす事が出来る地位にあった。それが明治憲法の根本的な規定であった。現在の憲法は此の点は、苦い経験にかんがみて大いに改められて居る。又此の点の改善に丈け重点が置かれすぎて居るうらみはあるのであるが、此の点が日本を今日の状態に持ち来した制度上の重大な原因であるとすれば、これも止むを得ない事であるかも知れない。夫はともかく明治憲法は、此の様な定めをした。夫は天皇の利用者に都合のよい制度となり得るものであり、此の利用が大いに行われると、まことにどうにもならない事となるのであった。然し此の事は、憲法が発布された当時ではあまり注意されなかった。と言うのは、民主的な色彩を有する憲法が発布されたと言う丈けでも大きな進歩であり、殊に夫は天皇の地位を最高のものと定めて居り、その上所謂欽定憲法であって、明治天皇が之を定められた形式になって居たから、国民全体は歓喜の情に溢れ、皇運の無窮と国家の隆泰とを祈るのみであった。然し此の明治憲法は上に述べた様な致命的な欠陥を持って居たのであって、此の欠陥は憲法の実施と共に次第に表面に出て来る事となった。但し此処で注意しなければならない事は、此の天皇の利用者が常に同一の名前で呼ばれる人々ではなかったと言う事である。之等の人々は最初は藩閥と呼ばれ、次は軍閥と呼ばれた。そして官僚と呼ばれる人々が、之等の藩閥や軍閥も共に、或はそれ丈けで存在した。之等の利用者の数は少数であって、ある時は驚く可き程少なかったのである。如何にして之等の人々が、天皇の利用者たる地位を得たかは、形式上は夫が憲法の規定する天皇の統治機関（軍事を含んでの）であったからであるが、如何なる人々がある時に此の様な地位を得たかと言う事は、全くその時々の状勢によって定まった事であって、政治の動きと密接な関係のある事柄であった。

先ず憲法発布の時の当局者の顔触れを見ると、総理大臣は黒田清隆、枢密院議長は伊藤博文であって、薩長の二巨頭が最枢要の地位を占めて居る。大臣では海軍の西郷従道、大蔵兼内務の松方正義、陸軍の大山巌、文部の森有礼が薩摩出身であり、農商務の井上馨が長州出身、外務の大隈が肥前、逓信の榎本武揚が幕臣であるが、之では薩長の藩閥内閣である事は間違いのない所である。此の様な態勢であり、又事実勢力もあったのであったから、之等の藩閥政治家は、憲法実施にあたっても、此の様なやり方で行けるもの或は行く可きものと考えた。彼等の考えによれば、憲法が実施されても、政府は政党や議会の勢力の外に超然として立つ可きものと考え、黒田や伊藤は此の事を公然と声明して居たのであった。そして又此の事は、明治二十二年に条約改正問題に関係して大隈が爆弾に見舞われ、之によって黒田内閣が倒れた時にも事実の上で明かに示された。即ち薩摩の黒田に代って長州の山県有明が内閣を組織したのであって、内閣の薩長交互制が之等の藩閥政治家の間に、確立されたものと見る事を得るのであった。此の様にして山県内閣は第一回の帝国議会に臨んだのであった。所が議会は当然に政党を前提とするものであるが、当時の政党の状態はどの様なものであったろうか。先ず板垣退助を党首とする自由党と、上述した明治十四年の政変によって追われた大隈重信を総理とする改進党が明治十四年に結成されて居た。之等の二党は相むすんで藩閥に対抗すべきものではあったが、両者の提携は容易に行われなかった。此の事は、之等の両党の流れを汲む、政友党と民政党、更に自由党と進歩党の関係を見れば明かであろう。当時の自由党に加入したものは、多く明治新政府に志を得なかった不平の徒や、封建制の下に長く圧迫されて居た地方の農民であって、気骨稜々常に時世を慷慨する壮年客気の人々で、どちらかと言えば無産無識の階級に属する人々が多かったのである。之に反して改進党は薩長政府を追われた官界の失脚者を中堅としたものであるから、官僚的であり、それに加入した者は、才気あり或は地位名望ある人士で、どちらかと言えば有産有識階層の人々であった。

自由党は自由平等をスローガンとし、その指導精神もフランス流の主権在民説であったが、改進党は改良進歩をモットーとしイギリス流の国会主権論を提唱して居たのであった。そしてその運動の方法からして、自由党は壮士党と呼ばれ、改進党は紳士党と名付けられた程の差があった。此の様な差異が両者の間にあるのであったが、夫の差異は大きな眼から見れば、単なる好悪と感情の問題であって、大きな思想的の差異ではなかった。然し好悪に基く離合集散が日本の政界の常態であったから、之等の二党は事々に相異る方向に進み、殊に彼等の共同の敵であった藩閥が、消滅した後はその傾向は益々烈しくなりその党争が日本を堕落に導いた事は大なるものがあったのである。

之等二党の争は、夫等が結成された始めから既に行われ、その結果は両者の勢力は何れも大いにそがれ又その間藩閥政府の画策もあって、明治十七年には自由党は解党し、改進党は党首大隈やその他の有力者を失ってその勢力は微弱なものであった。然し之等両党の流れを汲む者や非政党系の人々が争う事によって明治二十三年七月の第一回衆議院総選挙が執行されたが、その結果、改進党を除く各派の合同によって自由党が再建され、議席百三十を得、改進党は四十一であり、他の百名余は政府党と見られ、前者は一括して民党後者は吏党と称されたのであった。従って政府党に対し在野党は多数を占めたのであって、欲するならば政府を攻撃して多年の鬱をはらす事が出来るわけであり、又、長い間行う事を得なかった経綸をも行い得る機会に恵まれたわけであった。然し此の時は未だ、議会の多数党が、内閣を組織すると言う所謂憲政の常道なるものは無論確定されて居らず、此の様な事が出来るとは夢想だにも出来なかった時代であった。政府は何時までも行政の衝にあたり、議会は之に対し批判を加える丈けの機能を有するものの様に考えられて居た。此の観念が打破された時に、日本の憲政が一大進歩をしたのであった。然しその時は同時に堕落の第一歩であったが、夫については後に説く事とする。此の様な状態であったから、存野党のする事は政府を攻撃する事であった。攻撃の為めの攻撃が行われたのであった。その攻撃の方法としてとられたのが、第一に政府の施政に対する質問であった。日本の議会が、政府の施政方針の大臣による説明と之に対する質問とに重点を置く様になったのは、此の理由に基くのであって、立法府というその本来の使命より、政府に対する監督権の行使にその主眼が置かれたのであった。之は議会のやり方としては寧ろ変態的なものであったが、政党は到底政府を組織されないものと考えられた当時にあっては、自然の成行きであったかも知れない。然し此の攻撃の方法は、政府の答弁を得る丈けで政府に法規を楯にとって突っぱなされるとそれ迄になるものであった。此の事からして官僚の対議会策は、如何に質問を取扱うかの技術に主眼を置かれる様になった。政党が政府を組織する様になってからも、此の方法と対策とは続けられた。そして官僚としては此の様な答弁が巧みであればそれは有能なる官僚であった。然し夫は、法規に通じて居ればわけなく出来る事であったから攻撃の方法としては夫に撃退しやすいものであった。

然し第二の攻撃の方法はもっと有効なものであった。夫は議会の有する予算審議権の行使であった。一般的に言って元来、議会は沿革から言えば予算の審議をする事をその最初の目的として設けられたものであったから、如何なる議会でも予算に対する権限はあたえられて居り、明治憲法も当然此の事を規定して居た。本来予算は国家の経理に欠く可からざるものであるから、之に対する慎重な審議は望ましい事であり、之を充分に行う事によって国政の運用は円滑に進行し、議会の職能も亦よく果される事となるのである。然し議会が此の権限を濫用し、単に政府を攻撃する為にのみ、此の予算審議権を行使するならば、夫は国政の進行をとどめる事となり、又夫は当然に議会の責任となるものである。それ故に此の権利の行使にも自ら限度があるので或る程度即ち政府に傷手をあたえ、而も自己に責任をもたらさないのが望ましい事である。然し勢の赴く所、政府打倒の為にのみ、此の有効な攻撃の方法を用うるならば、夫は明かに権限の濫用であって、議会はその責に任じなければならない。

さて第一回帝国議会に於て在野党は多年の弾圧と迫害とに対する無限のうらみ――そのうらみは実は思想的なものでなく、党派的なものであった――を晴らす為に、予算案に一大斧鉞を加え一挙に山県内閣を打倒し、藩閥官僚を一掃しようとし、予算委員会は予算総額の約一割に相当する大削減を行った。即ち歳出に於ては総額八千三百余万円中七百八十八万円余を減じたのであった。そして此の予算修正案は本会議に於ても可決された。之は藩閥政府が直面した第一の危機であったが、政府は自由党の切り崩しに成功し、予算案は再審査され、結局六百五十一万円余の削減で予算案が通過したが、之には行政整理、経費節約の公約が附随して居たのであった。然し、此の公約は事実上実行不可能なものであったから、山県は二十四年五月に内閣を投げ出し、後継首相は薩摩の松方正義となった。松方は、山県の公約を実行しようとし、官制を改革して二十四年七月に公布したが、之に相当の成績であったとはいえ、民党が第一議会当時主張立案した査定案に比すれば遥に遠いものであり、その上軍艦建造等の新計画が加わったので、予算案は結局前年度に比して六百四十九万円の増加となった。従って松方内閣に対する非難の声は高まり、自由、改進の両党も又合流して民党と呼ばれて政府の攻撃を行う事となり、二十四年十一月に召集された第二議会では、民党は予算総会で総計七百九十四万円余の削減を決定した。之に対して松方も必死となって反駁し、結局第二議会は解散された。ついで行われた二十五年の総選挙には、内相品川、次官白根によって大選挙干渉が行われたが、結局民党の勝利となり、二十五年五月の第三議会で内閣不信任決議案が可決された。松方内閣は必ずしもその結果ではなかったが、その年に倒れ第二次伊藤内閣が出現した。即ち依然たる藩閥政府であった。明治二十五年十一月の第四議会に於ては、民党は以前攻撃の手をゆるめず、政府の政策を否認し、予算案を殆ど破壊し、八千三百七十五万円余の歳出に対し八百七十一万円余を削減し、政府と民党とは正面衝突をし、解散か総辞職の外方法がない様に思われたのであるが、意外の方法で以て此の局面が打開された。即ち二十六年二月に明治天皇は勅語を下して、憲法六十七条に定めてある規定の歳出は議会で如何ともし難いものであるが、行政整理は行わしめる事、又国防費としては天皇からの下附と官吏の俸給からの上納とを命じたのであった。之によって紛糾は一時おさまり、之によって予算案の削減は二百七十二万円と言う大譲歩となり、又政府は次の様な公約を行った。即ち

一、憲法六十七条の款項中議会が削減を申出たもので適当なものは同意すべき事、之はそれまでは政府はあらゆる削減に絶対に同意しないと主張して居たものであった。

二、政府は第五議会の開会即ち二十六年十一月迄に行政各部の整理をし、政費削減の実を

あげる様に努力しなければならない。

三、海軍については早急に大改革をする事。

此の様な状勢であったから、当時の政府としては、行政整理、経費削減を行わない事は、単に議会に対する公約を実行しない事になるばかりでなく――之は政府としてはそれ程恐れたものではなかった――明治天皇の下された詔勅に違反する事となるのであって、如何にもして実行しなければならない事であった。そしてその俎上に上ったものの一が、札幌農学校の経費であった。

此の行政整理、経費節約の衝にあたったのが、内務大臣井上馨であった。井上は幼名聞多の名で維新当時既に聞えて居り、新政府が出来てからは、常にその要路にあった。財政に詳しかったから、整理の責任者としては適当であった。俗に雷大臣と言われた如く、強固な意志の所有者であったが、又、一方情味の豊かな人物であった。

井上は二十六年に来道して各地を巡視して実況を見て、北海道庁の経費に一大斧鉞を加え、札幌農学校については先ず工学科の経費を削り、ついでその全経費までも削減してしまった。即ち札幌農学校は廃止の運命におかれたのであった。然し元来札幌農学校の経費は数万円にすぎず、之を削減する事は予算の全体に対しそれほど大きな価値を持って居なかった事は明かであるが、井上が之を敵てした事は、札幌農学校の卒業生中に、在野党にくみして、政府に反対を唱えた者があったからであると伝えられて居る。此の事が真実であるか否かは不明であり、又その反対者の名前も明かになっては居ない。父もその事は確言して居ない。要するに夫は井上の胸中の問題であったからである。然し此の様な事があったであろう事は、札幌農学校の伝統であるリベラルな教育方針からも想像出来る事である。それはともかく、政府の方針が此の様に定まった事を聞いた時、父は勿論大いに驚ろいた。如何なる人でも自分の母校而も現在職を奉じて居る学校が廃止されると言う事になれば、夫に対して一応反対の意を表明し、場合によっては陳情の途に出ずる事は当然である。父は直ちに上京して井上内務大臣に面会を求めた。此の面会に成功を望む事はさきの岩村長官の場合よりも一層困難であった。と言うのは井上の考は既に確定して居り、而も井上は雷大臣と言われ彼に対して反対意見を述べるものは下僚中に殆どないと言われた人物であったからである。然し父は恐れなかった。何よりも恐れる必要は何処にもなかったのである。第一に成程両者の地位は異って居た。井上は大臣で父は札幌農学校長心得にすぎなかった。札幌農学校は北海道庁の所轄であり、北海道庁は内務省の所轄であったから、今日で言えば、大臣と小学校長と言う様な差があった。然しもともと両人共武士の出身であった。井上は聞多の昔からその名の声えた維新の元勳であり、父は南部藩而も朝敵の汚名まで受けた藩の出身であったが、共に武士の出身である事は間違いなく、武士としての身分も大した差はなく而も武士の魂は充分に持って居た。井上をどうして恐れる必要があろう。此の点は、岩村の場合と同じであったのである。第二に父は之も岩村の場合と同様であるが、此の廃校の運命が札幌農学校自体の問題でなく、中央の政争の余波にすぎない事を充分に知って居た。明治初年からの烈しい派閥党争が、意外な結果をもたらしたものにすぎない事を良く知って居た。此の様な時代にあって教育の事にあたる為には、その何れにくみする事も、賢明な策ではなかった。その両者に超然として自ら守る可き所を守るのが最良の策であったのである。その上、若し之等の相争う派閥党派が、何等か父の主張即ちその精神的基底と関連がある事を主張して居たならば、父は好むと好まざるとにかかわらずその何れかにくみせざるを得なかったであろう。然し夫は上述した所から知られる様に、別に深い思想的根拠があったものでなく、単なる機会と好悪と利害とに基く離合集散の現象にすぎなかった。キリスト教の精神から見れば、その何れに属する事も出来ないものであり、又夫は何れでもよいものであった。従って父の眼からすれば、夫は低い次元に在るものであったから、更に恐れる必要はなかったのである。従って夫は又札幌農学校がどの様な精神的基底に基いて出来たものであり、夫は又どの様な使命を果しつつあったか、と言う様な札幌農学校自体についての根本的問題を含んで居るものでもなかった。夫は単なる政争のとばっちりに過ぎなかったのであるから、若し札幌農学校についてその精神と使命とについて充分の理解を有し、又之を熱愛する人間があったならば、此の問題は当然にその人間によって決せられるものであった。そしてかかる札幌農学校への理解と愛情については、父が最も優れた人の一人であった事は疑うを得ない事実であった。問題は只、此の様な重大な事を決定するであろう鍵を握って居る人間があまりに低い位置に居る為に、高い地位の人によって無視されるのではないかと言う点にあった。その点丈けが問題であったのであるが、此の点は幸いにして、井上内務大臣の聡明によって救われた。若し井上が父の申出た会見を拒絶すれば夫で問題は終結したのであったが、井上は此の急遽上京した小官吏を快く引見したばかりでなく、かつて北海道庁長官であり、当時井上の下で内務次官をつとめて居た渡辺千秋を呼寄せてその会見に立合わせる事とした。之は渡辺が北海道の事情に通じて居たからであった。此の会見に於ける井上の態度は詰問的であった。それも当然であった。行政整理、経費削減の至上命令を実行すべく、その衝にあたった内務大臣の方針に一少吏が反対意見を陳情すると言うのであったからである。然し父は上に述べた様な充分の理由があったので、思う存分に陳情した。側に居た渡辺次官は、父があまり余計な事を言って井上の激怒を招くのではないかとハラハラして居たと言う事であった。父が井上に説いた所が何であったかは別に原稿が残って居ないから細部に渡っては明かではないが、要するに北海道開拓の上での札幌農学校の存在の意義を説いたにあった事は明かである。此の直言が井上の理解する所となったのは、井上の聡明な所であり、又之は彼等所謂藩閥政治家が人を容れるのに決して吝でなかった事を明かに示すものである。此の態度は井上一人ではなかった。優れたものに対しては、彼等は理解と支援とを惜しまなかった。又、彼等は此の様な心構えを持って居ればこそ、明治維新の大業をなし遂げ、封建日本に新しい自由の光をもたらしたのであった。此の彼等の態度を理解すれば、藩閥なるものが、何時までも存続すべきでない事が明かとなるであろうし、藩閥と闘う事のみを目標とした、明治初年の政党が、その目標を失った時即ち藩閥が何時の間にか消滅した時にどの様な転落の道を辿るであろうかも、又明かとなるであろう。

ともかくも父の信念と努力とは、此の時の札幌農学校の第二の危機を切り抜ける事に成功したが、何等の犠牲なしに此の事が成就したのではなかった。内務大臣が一旦定めた方針が全然変更されると言う事は考えられない事であった。廃止の運命丈けは免かれたが、何等かの犠牲を甘受しなければならぬ、何を犠牲とするかについては、今度は技術的折衝をしなければならなかった。然し此の時には、文部大臣河野敏鎌、逓信大臣黒田清隆、文部省専門学務局長浜尾新等の援助があり、上述した明治二十年に新に設置された工学科を廃止する事によって結末がついたのであった。然しともかくも在学した学生丈は卒業させる事となり、此の学科は十六人の工学士を出した丈けで廃止され、後大正十三年に工学部が設置される迄、父が帰朝して計画したアメリカ式農工大学はその影を消したのであった。此の少数の卒業生中には後に枢要の地位を占めたものも尠くなかった。後に満鉄総裁となり、終戦後不幸な死を遂げた大村卓一はその一人であった。又父がその長女千代子を嫁せしめた、後の朝鮮鉄道局技師川江秀雄もその卒業生の一人であった。此の家庭的事実を以てしても、父がどの様に此の工学科を愛して居たかが判るであろう。さて此の工学科の廃止は一の妥協であった。大臣の面目を立てる為には行わなければならない妥協であった。若し父が妥協を絶対に排撃する人物であったならば、井上大臣は父の意を了解して札幌農学校の必要性を認めたのであったから、工学科を廃止する事は一貫しない態度であると言わなければならない。然し之をあくまで主張貫徹しようとすれば札幌農学校自体の運命が危ぶまれる事となる。理論は通らないが、妥協によって大きなものは救われる事となる。大の虫の為に小の虫を殺すとは此の事である。此の妥協を敢てした所に父の政治性を認めなければならない。父は長い間此の政治性の為に非難されて来た。極端には節操のない機会主義者だと言われた事もあった。此の機会主義が札幌農学校を救い、札幌農学校を大きくしたものと考えた人々もあった。之は大きな誤りであるから、此の点について少しく述べなければならない。第一に反抗と妥協とは、清教徒の信ずる所によれば、神の意に適う場合にのみ許されるのであった。父は此の清教徒精神をうけついだものであったから、常に妥協を事として居たのではなく神に許されると信じた場合に丈け妥協を行ったのである。或は神が夫には干渉をしないであろう程の些事の場合に丈け妥協した。人格存在の精神的基底に触れる場合には、決して妥協はしなかった。此の実例については最後に述べる。此の時の妥協も之等の二つの場合の何れかであった。恐らくは後者であったであろう。それであるから、札幌農学校は重大な妥協によって救われたのではなかった。元来が大臣の面目の如きは取るに足らぬ些少事にすぎぬ。夫を原因とする妥協も亦少事にすぎない。その少事によって工学科が廃止されると言う事は軽からぬ事ではあるが、もともと些少事にすぎない事を原因として行われた事は、何時かはまた回復される事は明かである、事はわずかの時間の経過によって原因となる力を失うに至るからである。然し又回復が長びく事もあり得るが、夫はその時々の運にすぎない。幸運と非運とは人生のつきものであるから、之については考える必要はないのである。些事にすぎぬ妥協、而も時間が経れば必ず回復する妥協を行ったからと言って非難される理由は何処にあろう。若し北海道大学がかかる妥協を事とする機会主義によって成長したと考えるならば、夫はかかる些事を非常に大きく取りあげる誤った考え方であって、此の様な考えがかえって北海道大学自身を小さなものにして行くのである。夫は見る人の中にひそむ小さな考えの現われであって、此の様な考えを抱けば大学自身は小さなものとなり、又学生自身が此の様な考えを抱けば、その学生が卒業後社会に持ち出す精神は卑少なものにすぎないであろう。札幌農学校はその様な卑少な事によってその生命を保ち生長したのでは決してない。クラーク博士によって播かれた種子が、神の恵みによって芽生え、生長したものである。その生長の間に起った浮沈は取るに足らぬものにすぎない。右に述べた精神を以てすれば一たまりもなく解決する体のものである。従って此の浮沈を切り抜けた事は、父の政治的手腕もあったであろうが、根本はクラーク博士の教えを忠実に守った丈けの話であった。若し大学の教授、学生、卒業生が此の様な卑少な事によって大学が成長したと考えるならば、今後の北大の運命は決して恵まれたものとはなり得ないであろう。自らを卑少なものとするものに神の恵みはあり得ないからである。

此処で再び札幌農学校の基本財産について述べなければならぬ。此の事は此の時の会見によって井上と父との間に相互の了解が成立した事と大きな関係があるからである。此の時、井上は札幌農学校に対して大いに好意を持ち、直接に或は女婿の都築馨六を通じて種々面倒を見、殊に札幌農学校の財産については大いに関心を以て有力な助言をあたえたのであった。上述した様に札幌農学校は、その基本財産の造成を目標として、北海道庁の拓殖計画と相呼応して多数の農場を取得したのであったが、将来の発展を思うならば之れ丈けで満足するわけにはいかない事は勿論であった。その上此の様な不動産を財源としてその収入を学校の為に用うる方法が確立されなければならなかった。此の様な方法は政府でも之を考えて居たのであって――無論夫は欧米の学校制度にならった考であったが――文部省では文部省主管学校収入金積立規則なるものを制定して右の様な制度を設ける予定であった。然したとえ此の様な制度が実行されたとしても、札幌農学校はその規則の適用を受けるわけにはいかなかった。何故ならば上述した様に、札幌農学校は北海道庁に属して居たからであった。そこで父の案としては、札幌農学校にも此の積立規則が適用される様に運動し、之には時の内務大臣西郷従道の後援があったが、此の事は実現されず、北海道庁はかえって内閣総理大臣の直属から二十三年に内務大臣の所管となったので、札幌農学校はこの会計については文教について理解のない内務省の地方局や会計課と交渉しなければならず甚しい困難を経験したのであった。所がさきの収入金積立規則は議会を通過し、特別会計法となって現われ、文部省主管の諸学校はその財産より生ずる収入を積立てる事が出来るようになった。然し札幌農学校丈けは夫から除外されて居り、最初の目的は容易に達せられなかった。そこで父は特別会計法を改正して札幌農学校をその中に包含せしめるか、或は札幌農学校を文部省の主管に移転せしめるかの何れかを選ばなければならない事を主張し之を屢々当路者に申出でたのであった。此の様な運動をする一方、財産自体の増加にも力をつくして学田地の取得に努力した。先ず二十三年には空知郡内で二ヶ所栗沢村及び角田村で学田地を得た。之は学田地としては空知郡内が最も有望である事を認めた事によるものであるが、父が当時現地視察に出かけた時は、岩見沢から栗沢迄漸く囚人によって伐り開かれた道路があったに過ぎなかった。夫を通り角田のトキトー山に登って山から山、谷から谷と見当をつけてその範囲内の土地を学田地として貰い受ける事としたのであり、その面積は数千万坪で、今日の第五農場及び第六農場が之であるが、此の面積は当時よりは多いに縮少されて居る。夫は此の地方は肥沃な土地で開墾者が続々あったので結局返地したからであった。次に明治二十九年に富良野の学田地を得た。元来富良野地方は明治三十一年頃迄はよく知られて居なかったのであったが、札幌農学校は早くから此の地方に着眼し或は旭川から又は歌志内方面から行って土地を探険したが頗る有望な農地である事を見、学田地として交付を受けたのであった。開墾した土地は空知川に添うた肥沃な土地で三千町歩に及んで居た。此の様な努力を続けて居たが一方の行政的措置についての運動も漸く効を奏して明治二十八年には札幌農学校は文部省所管に転換した。此の転換が主として上述の様な特別会計法の適用によって経済的基礎を堅くしようとの考えから出たものである事は疑のない所であって、自立の学校と言う大目的の為に此の様な方法を取ったのであった。そして之を許したのは、北海道庁長官としては北垣国道であり、文部大臣は井上毅であった。井上毅は実業教育の創設拡張については頗る熱心であって札幌農学校をその所管に移したのも、その見地からであったと思われる。此の井上の考によって札幌農学校はその目的に向って一歩を進める事が出来たのであるが、又その為に更に困難に遭遇する事となったのである。

井上毅は伊藤内閣の文部大臣として明治二十六年から明治二十八年迄その職にあった人であり、森以来の名大臣と言われた人であったが、その方針は実業教育の奨励にあった。その為に明治二十七年には実業教育費国庫補助法を発布して、実業学校に国庫から補助をあたえる事となったので、各種実業学校は大いに発達したのであった。特に日清戦後到来した日本の産業革命を成就する為には、此の事は極めて有力であった。井上がかく実業教育に主眼を置いたのは、此の様な見透しがあったからであろうし、日清戦争前から日本の此の線に沿う発展は行われて居り、日清戦争そのものも此の様な資本主義的発展の結果であったとも考える事が出来る。それであるから、実業教育の振興は極めて時勢に合致した要求であって、之に反対する事は容易でなかった。そして井上は札幌農学校はもっと実際的の教育を施さなければならないと考え、此の方針を指令して来たのである。父の考えによれば、札幌農学校は将来の大北海道を見越しての教育機関であるから、学科課程を低下する事は将来の禍根となるのであって、承服出来難い所であった。然し井上の主張する所は、時勢に合し又上述した様な好意にもあずかって居たのであったから、之に反対する事は甚だ困難であり、或は札幌農学校の学科課程の低下は避けられない様に思われて居た。所が此の危機は幸運によって救われた。夫は井上大臣が病気の為その職を退き西園寺公望が代って大臣となり、牧野伸顕が次官となったのである。父は西園寺大臣に直接に陳情し学科課程を引下げる事は教育上甚だ不利である事、札幌農学校は高等な教育程度を以て立たなければならぬものである事を述べた。此の陳情は井上が文部大臣であったならば到底受け入れられなかったであろうが、西園寺はよく之を容れたのであった。札幌農学校が後日大学となる基礎は此の時に確立されたのであって、西園寺、牧野の名は北海道大学にとっては記憶すべき名前となったのである。

一〇、北海道帝国大学

以上の様な危機を切り抜けた札幌農学校は、その後は格別の難関には遭遇しなかった。否、それ所ではなく、極めて順調に発展して、明治四十年には東北帝国大学農科大学、大正七年には北海道帝国大学となって医学部が置かれ大正十三年には工学部、昭和五年に理学部が置かれた。父は理学部の創設を機に退官し、その後の発展には直接には関係しなかった。殊に法文学部の設置は父の最大の希望であったが、遂にその実現を見ないで逝った。それはともかく、上述した難関を切り抜けてから北海道帝国大学となるまでの発展は順調なものと言う可きであるが、その間の父の考えと行動とを、父自身が述べたものによって見る事としよう。之は父が退官直後に書いたものである(『現代』昭和六年三月号)。

「三十八年の日露戦役は無論我国の大勝利に帰して終つたことであるが、あの時に総ての事業も起つて来たが教育も勃興するやうな機運に進んで来て、東北初め九州方面に大学を起さうといふことになつて来た。北海道も札幌農学校を中心として北海道に一の大学を起さなければならぬといふことの輿論が起つて来た。其際に偶々古河家から百万円の寄附もあつて、九州、東北、北海道にその寄附が均霑をされて、その際に東北に大学を起すと札幌はどうするかといふ問題が起つたが、両者の間に妥協が出来た。

それで明治四十年に東北に帝国大学を置き、札幌農学校を東北帝国大学農科大学とすると云ふことになつて、今まで農学校と云つて居つたものが分科大学になつた。これが札幌農学校が出発をした第一である。

所が後に、仙台に医科大学が出来ると、向ふは札幌の農科を持たないでもそれ自身綜合性の大学になる、札幌農学校は海峡を越えて独りぼつちにされてしまふ。それはどうも堪へられないから、札幌にも一つの医科大学を造つて北海道帝国大学にならなければならない。その時は大隈内閣であつたが、大隈内閣の方針として政府から金を出しては学校は建てないと云ふ訳である。寄附金なり、自分に財源があるならば建てゝもやると云ふのである。色々研究した結果どうしても医科を拵へて貰はなければならぬ、移住民を安心させるには自分の生命が安定するやうにならなければならぬ、病気といふものは生命に非常な関係を持つものだから、病気を治すことをして移住民を安心させなければならぬと、さういふ議論を主張したのである。その時に北海道長官であつた今の俵商工大臣が非常に賛成をして、一緒に運動をしようといふ話で、札幌の市長と僕と俵長官と三人でもつて寄附を募らう、さうして医科大学を置くことを許して貰はうといふ積りで、早朝大隈さんの所へ三人揃つて行つて陳情をした。

大隈さんは太ツ腹だからそれを容れて呉れて『宜からう』といふ話で『金の都合さへ付けば建てろ』といふ訳である。文部大臣は高田早苗君である。高田君は僕の学友で能く知つて居る間柄だから(註　高田早苗は父が東京外国語学校の分身東京英語学校在学中の同窓生であつた事は上述した)、高田の所に持つて行けばこれは物になるといふことはチヤンと分つて居つた。

その時大隈さんは『お医者のことは青山胤通に言つて呉れ』といふ話であつた。

この人は日本医学界の総本山と云はれた人であるが、こつちは先手を打つて青山の方は諒解を得て居つたものだから非常に都合が好く、医科大学を造ることが出来た。

金の方はその時戦争の影響で成金が沢山あつて、寄附をドンドンやつて呉れる時代で一年許りの間に四十何万円の寄附を貰うた。後は学校の財産を売り、足らなかつたら札幌市が寄附するといふ約束で、学校の財産を処分したら百二十万円出来た。それで市は一文も寄附しなくても宜しくなつた。それで創立費を弁じて建てた。

今は五回の卒業生を出して全道に医者を送り出すことが出来て、根室なり釧路なり、あゝいふ遠い所へも札幌の医学部を出た医者が行つて病院長になつたりして、地方の人命に安心を与へて居る。教育といふものは功績を挙げることが遅いやうで早いものであると、その事を俵さんと話し合つて大いに感慨に耽つた。

その後、政府の高等教育機関の拡張といふものに乗じて百何万円工学部の創立の為に国費を支出して貰ひ、工学部を置くことになつた。

次には基礎的学科として理学部の設立を盛に主張した。所が金の点で余程行悩んだが、結局学校の方では創立費の半分の百万円を出し、理学部が置かれるやうなことになつた。

斯く、幾多の波瀾があり、曲折もあつたが北海道帝国大学は時勢に順応的に進んで来て、今では四つの学部が帝国大学に揃つて来た。」

此の懐旧談はいろいろな意味で興味のあるものである。之を読んだ人の中、之を以て、誰はばからぬ自慢話と見る人もあるであろう。そう見ればそう取られる性質のものでもある。自分一人で札幌農科大学をつくり、北海道帝国大学をつくった、聞く耳の痛い自慢話の様である。然しよく読めば、此の文中の何処にも、之は俺の腕だと言って居る所はないのである。かえって結びの所には「曲折はあつたが時勢に順応的に進んで来て」と言う言葉があるのに注意しなければならないと考える。すべては時勢であった事を父は明かに認めて居る。

時勢が北海道帝国大学をつくったのである。人間の力は、人間の智慧は、此の大きな力の前ではまことに取るに足りないものであった。此の文の全体の調子は淡々として、時勢の進展と共に、札幌農学校が成長して行ったさまが述べられて居る事に注意しなければならない。此の時は父は時勢に反抗はしなかった。又特に妥協をする事もなかった。人間以上の大きな力である時の流れを見極めて之に順応して、札幌農学校を進めて行ったのであった。勿論その間その発展に反対の立場をとった人もあったが、父は之等の人々と特に争う事はなかった。之等の人々が何時かは消え去る事を知って居たからである。此の様に札幌農学校が成長すると共に父の位置も亦進んで行った。即ち明治二十七年には札幌農学校長兼教授となり、三十二年には農学博士の学位を授けられ、四十年には東北帝国大学農科大学長となり、大正七年には北海道帝国大学総長となった。之れ亦時勢に順応した昇進であったと言える。然し此の様に札幌農学校と父とに恵んだ時勢とは一体どのようなものであったか。

夫は言う迄もなく、日露戦争後の日本の発展であった。今その発展の期間を日露戦争前後から昭和の始め迄と仮に定めてその内容を少し見る事としよう。之はかかる時勢の進展に伴う札幌農学校の発展が如何なる性質のものであり、又、此の発展の舵を取った父の意図が何処にあったかを知る事となるからである。

さて、私は上に日本の発展と言った。夫は正に発展ではあったが、その裏には又暗い影を伴って居た発展であった。その事を次の三点丈け取上げて見る事とする。先ず国際的に言えば、日本は世界列強の仲間入りをして国際的に主要な位置を特に極東に於てあたえられた。之は明るい面である。暗い面としては、之は仮の地位であってその後の日本の出方如何によっては、如何なる打撃があたえられないでもない情勢であった。而も又かかる好ましい地位は、列強の勢力の中のある支配的なものと結んだ結果であったから、その支配的なものが変化すれば、日本の地位も自ら変動せざるを得ない性質のものであった。

第二に国内政治的には、その時期は政党政治が完成した時代であった。長い間の藩閥との抗争が漸く終って、日本には、民主主義的な政党政治の花が咲き出したのであった。そしてその結果は、昭和五年の最初の普通選挙であった。之は輝かしい面であるが、暗い面としては、政党は早くも腐敗して主義主張によるよりも利害感情によって離合集散する単なる徒党と化し、党勢を拡張する為にあらゆる手段を弄した。換言すれば、日本国民は民主主義的政治には未だ習熟して居ない事が明かにされたのであった。

第三に経済的には、夫は著しく工業が躍進した時代であった。世界的な日本の地位も此の工業の躍進によって裏付けられたのである。然し此の素晴しい前進のかげには農業の衰頽があった。増大する人口を養い切れない日本の農業は、日本が国際的に進出すればする程、大きな圧迫を受けざるを得ない事となった。若し何事かが起れば日本は食糧の点で自滅せざるを得ない状況にあったのである。

此の様に明暗の二相が交錯しつつ日本は日露戦争前後から昭和の始め迄進んで行った。そして此の四十年ばかりの時期は日本にとって此の上ない重大な時期であった。夫は輝かしい躍進を示して居たから、その裏の暗い影に人々の注意が行かなかったが故に、一層に重大であったのである。次に少しく之等の点について更に立入って見る事としよう。

日清戦争によって日本は明治維新後始めて世界の注視を浴びる事となった。此の時迄は、三百年の鎖国のおくれを取かえす為に此の極東の小国は西欧文化の吸収に必死の努力をつづけて居たのであったが、偶然の機会が支那の発展に日本が有力な障害をなす力のある事を世界に示したのであった。当時世界の眼は既に極東に向って来て居た。夫は欧洲では大体の勢力の均衡が出来て居り、植民地の分割も大体完了したのであったからロシアはその発展を極東に計画して居り、又アメリカの西漸運動は太平洋岸を越えて更に極東に及ぼうとする傾向のあった事は当然であった。そして英国は、若し極東で勢力の均衡が破れる事があったならば、換言すれば若しロシアが極東で絶対的の優勢をもつ様になったならば、夫は当然欧洲に於ける勢力の均衡をも破る事となるのであり、ひいてはインドをも脅かされるのであるから、英国はロシアのかかる進出に対して安心して居るものではなかった。英国と濃い血のつながりを有するアメリカもほぼ同様の考えであった。何れにしても、極東に於て、支那或は、ロシアという既存の大勢力を阻止する力を有する、小国の存在が英国としては必要であった。一方ロシアの立場を考えるとその志は東方進出にあったのであるから、その進路を阻むものは何物と雖も破砕せんとする考えであった事は当然であった。そこで仮に日本と妥協した所で夫は一時的のものであるにすぎない事は明かであり、殊に日清戦後ロシアの東方策は急速に進んで清国との密約となり、露支銀行の設立となり東支鉄道の敷設となり、旅順口大連湾の経営となり、更に巨歩を進めて満州の軍事占領とさえなって居たのである。此の様な情勢であったから日本としては、ロシアと手を握る事は到底不可能である事は明かであるが、之を阻止する事も単独では不可能であった。それ故に当時日本の政界では親露、親英の二派があり、伊藤、井上は前者であり、桂、山県は後者であったが、前者は理論上不可能であり、後者は英国との距離があまりに遠い為事実上不可能であった。然し策をとるとすれば後者が妥当であったので、英国自身が上述の様な理由から意を動かして来たので両者の関係は急速に進展し、明治三十五年に日英同盟が締結された。つまり此の時に、あくまでロシアと戦うとの決意が表明されたと同じ事であった。此の日英同盟について注意すべき事は、之は英国からみれば日本がロシアの勢力を阻むことの出来る武力、殊に陸軍力を有するが故に締結されたものである事である。即ち夫はある目的の下での合理的な思考から生れたものであり、之に基いて日本に国際的な地位があたえられたのであって、英国人が日本人を好きとか嫌いとかの所謂人情から出たものではなかった。換言すれば国際社会は利害に基く合理的思考の世界で、義理人情の世界ではない。然しそれだからといって、一旦結んだ条約を自己の利害のみに基いて直ちに一方的に改廃し得るものでもない。何故ならば夫は双方の合意に基いた契約であるから、双方の合意によらなければ、之を改廃する事が出来ないのが原則である。契約の根本にはその様な意味があるのであって、之を信義則と言う事も出来るが、契約そのものが本来具有する性質なのである。従って一旦此の様な関係に入った場合には、夫を破る事は一方的には勿論不可能ではないが、此の様な行為は多くの場合国際条約を結ぶ上での不適格を証明するものであるから、国際社会の一員たる資格を失わせるに充分なものである。日本は此の様な状勢の下に、始めて国際社会に登場したのであったから、その態度は極めて慎重でなければならなかったのである。

さて此の様な日英同盟の後援を得て、日露戦争は戦われた。此の戦に於ても日本は英国の期待があたって居た事を充分に証明したのである。然し夫は単に陸軍のみでなく、海軍も亦恐る可き実力を持って居た事を示した。之は実に必ずしも英国の喜びではなかった。英国が世界を支配したのは、七つの海を支配するその強大無比な海軍力の為であったから、之と競争の出来る様な海軍を所有する国は、あまり喜ばれなかった事は明かであった。強大な陸軍と海軍とは、世界到る所での競争を意味するからである。さて日露の講和条約は必ずしも日本が満足した所のものではなかったが、ともかくも満州に於てロシアと或程度の妥協が出来て、その経営に専心する事が出来、韓国の併合は此の事を保証し、更に支那に於ても発展する事を得たのは日本としては、まことに幸いな次第であった。此の様にして日本の国際的地位は日露戦争後一層あがって来たのであるが、之はロシアとの一時的妥協、支那の後退、英国の支援によったものである事は明かであり、之等の条件の一つに変化があっても日本の地位に重大な変化を来す事は明かであった。若しロシアが更にその伝統の東方政策を遂行する為に捲土重来したならば如何なる事になるであろうか。又一旦後退した支那は、元来充分の実力を有しては居たが国内的不統一の為めに他国の乗ずる所となって居たのであったから、之等の悪条件が改善されたならばその本来の面目をとり返し得る事は当然であった。その時に日本はどうなるであろうか。更に又英国の勢力に変化があるか、或はその態度に変化があったならば日本の国際的地位についても重大な変化が予期されるのは明かであった。此の様な不安定極まる国際的地位を当時の日本は占めて居たのであった。そして又此の日本がようやく得た国際的な地位は、日本がその不慣れの為に国際社会の性質を誤解するとか、又は国際条約を以て、単に利害に基く一方的意志によって破棄し得るものであると考え、之を実行に移したならば、忽ち失われるであろうところのものであり、又此の事は容易に起りそうな事であった。

此の様な危い状況ではあったが、ともかくも日本は、日露戦争後は朝鮮、台湾、樺太南半を根拠地とし、大陸に発展し得る機会をつかんだのであり、その発展は、経済的には当然工業力によって行わる可きものであったから、日露戦争後の工業の発展は、まことに顕著なものがあり、日本の貧弱な資源を以てしてあれほどの発展をなしたのはまことにめざましい事であった。その上、かかる発展の裏付けとなる軍備が大いに必要であったから、当然軍需工業を起さざるを得なかった。かくて軽工業と重工業とが相ならんでその発展の歩を進めて行った。実は此の関係は逆であって、軍需工業の発展の結果一般工業も亦自ら発展したと言う方が妥当であろう。ともかくも日露戦争後始めて日本は産業革命の最盛期に入り大規模の工場工業が各地に起り、従来の家内工業手工業は之に道を譲る事となり、資本主義的発展はそのあゆみを進める事となった。此の様な発展のあとを明かにする為に代表的な工業について数字を示そう。日本工業の根幹をなす紡績業は日露戦争以後、大いに拡張されてその錘数は三十二年には百十八万錘であったものが四十三年には二百万錘となり、更に大正三年には二百六十五万錘となり、織機数は二十九年には千七百台、四十一年には一万一千台、大正三年には二万五千台、昭和三年には七万六千台となった。又製鉄で官営の八幡製鉄所丈けを取り上げて見ると四十二年には十八万噸であったものが、四十四年には三十五万噸とする第二期拡張計画が樹てられ、更に大正五年から六箇年計画で年産六十五万噸とする第三期の拡張を行った。此の計画は実際は昭和四年迄延長されたのであったから昭和の始めまでの大体の趨勢を知る事が出来るであろう。之等は単にただ代表的なものをあげたに止まるのであるが、あらゆる方面で、工業の進展が行われたのであり、その基本が国内的には日本の増大する人口と、之を収容し切れない農村から低廉な労働力を得られた事と、国際的には原料が、英国ブロック内から輸入された事とに基くものである事は言う迄もない。従って日本工業は労働者の生活水準が向上するか、人口の増加が止まるか、或は英ブロックから原料が輸入されなくなれば、忽ち崩壊の危険に陥るものである事は明かであった。危険な浮動する条件の上に建てられた繁栄であったのであり、そして此の危険は日本全体の危機をはらむものであったが之は工業の発展に伴う農業の衰頽によって、更に重大なものと化して居た。即ち日露戦争後、日本が海外貿易に進出すると共に、輸入農産物の圧迫が加重して来たのであって、単に特殊の工芸作物のみでなく、主要食糧農産物も亦外国米、外国小麦其の他の輸入によって我が耕種農業の基礎が脅かされる事となったのであった。又日本農業の特質として多肥によって多収穫をあげるより外に方法がなかったから、肥料の輸入によって大きな制約を蒙むらざるを得なかった。その上商工業の異常な発展によって、資金は都市に集中し農村の金融難は大なるものがあった。たとえ欧洲大戦当時の農産物の輸出によって一時的好景気が農業界を見舞ったとはいえ、その反動は更に深刻なものがあり、之は大正時代に於ける小作争議の頻発によって知る事が出来よう。一国存立の基礎をなす可き農業が此の様な状態であり、此の行詰りを打開する事は、根本的な農業技術の改革を以てしても不可能と考えられる状態であったから、此の点からする日本の地位はまことに危いものであった。英国がとった道と同じ道を歩む事が唯一の方法であるかの様に思われたのであった。

然し一方に於て商工業の異常な発展は政治面に於ては政党政治の完成に大きな力となった。夫は明治維新による急激な社会制度の変革から来た不平不満の分子が此の方面に吸収される事となったからであり、その方面に於ける国民の政治力は増大し政党は夫を結集したものとして現われて来たのであった。そして又一方に於て明治初年にその力を揮った所謂藩閥の人々は、何時までもその力を揮う事は出来なかった。廃藩置県と教育制度の普及とが此の傾向を当然に消滅せしめたのであり、その上日清日露の両戦役や戦後の経営という大事業は、到底薩摩や長州の出身者というような狭い範囲のグループで賄い切れるものではなかった。あらゆる方面に人材が必要であった。藩閥は自ら解消して行ったのであった。此の様な事情が相まって政党政治はようやく形をとって来た。萌芽は既に明治三十八年に政友会総裁西園寺公望が桂内閣のあとを受けて内閣を組織した事にあったが、その後上述の様な各般の事情は次第に決定的な因子となり、純然たる政党内閣として大正七年に原敬を首班とする内閣が成立した。原は即ち平民として内閣を組織した最初の人であり、又衆議院に議席を有して内閣の首班となった第一の人であった。その閣僚は陸海軍大臣と外務大臣の外は全部党員であり、法制局長官、内閣書記官長も衆議院議員であり、外務大臣内田康哉も、後に法相となった大木遠吉も党籍はなかったが、原とは深い関係を有する準党員であった。此の様な次第であったから原内閣が成立した時は政敵であった憲政会や国民党もそれ迄の感情を忘れて政党内閣の出現を喜び、国民も亦官僚の一派を除けばすべて立憲政治の前途を祝福したのであった。此の様な国民待望の中に輝かしいスタートを切った原内閣はその輿望を裏切る事なく、全国民的性質をもつ施政に全力をつくした。教育の振興や産業の奨励交通機関の整備、国防の充実が之であった。之等の施策は夫としてはまことに望ましいものであったが、用い方によっては党勢拡張に重大な働きをするものであった。最初の政党内閣が此の様な両刃の武器を使用したことは、当時としては当然であったかも知れないが、先例となり以後の政党内閣は何れも此の様な方針を取り、その結果政争は泥試合の様相を帯びて、政党の腐敗は次第に国民の眼前に明かとなって来たのであった。然し問題は夫れ丈けで止まらなかった。日本国民がようやく獲得した民主主義的政治が早くも此の様な腐敗面を露呈した事は、早くもその間隙に乗ずる他の勢力の擡頭を招く事となったのであった。此の新しく勃興する勢力は何者であろうか。藩閥は最早再生するを得なかった。之に代るものとしての官僚は、それ丈けでは政局を担当し得ない事は明かであった。財閥は如何、財閥は議会を通じてのみその勢力を揮うを得るのであるから、政党が勢力を失う事によって擡頭する新勢力としては不適格であった。それならば新しく出て来る勢力は議会を無視し得る法律的根拠を有するものでなければならなかった。此の新しい勢力として、その地歩を堅めて居たものは、日清日露の両戦役でその地位を強化し、又日本国民全体が決して嫌いでなかった軍人であった。然し此の軍人が政局を担当する事は議会を無視する事であり、民主勢力の後退を意味するのであるから、国際社会との関係が悪化する事も予想され得るのであった。此の様な危険をはらみつつ政治は昭和の始めに進んで行ったのであった。

一国の状態が以上の様であったから、高等教育機関が拡充される事は当然の帰結であった。第一に夫は日本の国際的地位が向上した事から必要があり、将来益々此の地位があがる事が予想されたから一層必要が見越された。又、国内的には、政党はその地歩を堅める為に、高等教育機関の拡充を計ったのである。藩閥との争いは此の事にも大きな影響を持って居たのである。第二に産業の発展は之についての、更に又一般的な知識の普及向上を必要とした。第三にかかる拡充に必要な経費は国富の増大により産み出された。即ち或は国家予算からの或は大学財産の処分による支出が行われ、又は数多くの利得者から拠出され得たのであった。此の様な情勢にあっては、その衝にあたる者がたとえ父でなくても札幌農学校は上述の様な発展は可能であったであろう。夫は権威に従って計画を樹立しさえすれば良いので、権威に反抗する必要は毫末もなかったのである。夫には多少の政治的手腕が必要であったのみである。殊に父の地位は年を経るに従って上り、帰朝早々岩村長官と相対した時のような白面の青年少吏ではなくなって居た。その上父は多くの支持者を得て居た。札幌農学校に於ける同僚はもとより既に各方面に活躍して居た札幌農学校の卒業生が、母校の発展に多大の貢献をしたのであった。そして又父の少年時代の友人や学生時代の同窓生が既に多くの有力な地位にあって父を助けてくれた。上述した文部大臣高田早苗はその一人であり、又原敬も幾多の場合に父の親友として心からの援助を惜まなかった。古河家の寄附が札幌農学校に均霑されたのは主として原敬の力であった。原敬について語る事は父が最も好んだ所であった。夫は単に原敬が政治上の重要地位に居たという事ばかりでなく、両人の間に何か共通のものがあったのであろう。父は上京の都度、原敬を訪問して少年時代の思出を共に語るのを何よりの楽しみとして居たのであった。原敬が日本最初の政党内閣を組織して自ら首相となった大正七年に、北海道帝国大学が誕生し、父が初代の総長となったのであるから、之は奇縁と言う可きであるかも知れず、或は時代の力と言う可きであるかも知れない。誤解を防ぐ為に一言して置きたい事は、北大の医科の予算は原内閣が通過せしめたのでなく、政友会と反対の立場にあった大隈内閣の時代であった事は上述の父の回旧録によって明かな事である。此の様な父の支持者は日本国内ばかりでなく、米国にもあった。ジョンズ・ホプキンス大学時代の同窓生には、同大学の教授で政界にも勢力があり後に大統領になったウッドロー・ウィルソンがあり、又ニューヨークのレビュー・オブ・レビュー誌の創立者アルボルド・ショウがあり、又ホートン農場での知人にはニューヨークのアウトルック誌の創立者ライマン・アボットがあった。

此の外多数の先輩友人知己が父の仕事を支援してくれた。良い条件に恵まれ、而も多数の有力な支持者があったのであるから、順風に帆をあげる勢いで札幌農学校が成長して行ったのも当然であった。ただ問題は此の様な発展が北海道に何をもたらしたかという事であった。然し此の事は特別に問題とするには足りなかった。もともと父の考えによれば、或は札幌農学校をつくった黒田長官やクラーク博士の考えによれば教育は開拓に先行すべきものであった。それであるからたとえ北大の卒業生がすべて北海道に留まらなくても、留まる時が必ず来るわけであった。教育者はただ夫を待てば足りるのであり、又卒業生を出して行けば又その様な時代は必ず来るというのがその信念であった。此の様な考えを理解しなければ、北大の使命、或は大きく言って教育の使命は理解されない。如何にも日露戦争後の北海道の発展は著しいものであったが、今日に於ても北大の農医工理の卒業生のすべてが北海道で仕事をして居るわけでは決してないのである。又夫れで結構なのであって、必要が起ってその時教育を開始したのでは遅いのである。将来の必要に備えて準備をするのが教育の本旨である。札幌農学校の初期の卒業生で中央に活躍した人々が多い事は周知の事実である。内村鑑三、新渡戸稲造等はその代表的なものであろう。彼等を北海道で教育した事は無意味であったろうか。彼等の受けた教育はその活躍の舞台を北海道以外に求めしめたのであるが、北海道で教育を受けなければあの様な活躍は出来なかったであろう。教育とは正に此の様なものであり、その効果が何時、如何なる態様で実現するかは容易に語り得ないものである。然しかくは言うものの一方に於て教育の内容が、その時の需要に合致しなくては又何の益もない事となろう。つまり教育とは二つの面を持って居る所のものであって、一面はその時その必要に合し、他の面は何時生ずるか判らない需要に備えるものである。尠くとも高等教育は此の二つの面を備えて居るものでなければならない。札幌農学校も又東北帝国大学農科大学も更に又北海道大学も、その出す所の卒業生がその時々の北海道の或は又日本の要求に応ずるものでなければならず、更に又将来起るであろう所の北海道或は日本の更に又世界の要求に応ずる丈けの力を与えるものでなければならない。此の様な意図の下に札幌農学校が発展して行った事はその最初の設立の目的から判断して当然でなければならず、最初から札幌農学校にその生命を託した父や其他の人々も、此の目的に合する様に札幌農学校を育てあげて行った事は、当然認められなければならない事である。北海道はまだ多くの未発展の方面を持って居る。原料はあるが工業は発展して居ない。その為の技術は北海道大学が供給しなければならない。そして又精神文化という面について言えば、之を形成して行くものは北海道大学でなければならない。更に又これからの日本が要求するであろう所のものは供給する丈けの準備がなければならない。然し過去に於ては昭和の始めから日本が陥って行って、太平洋戦争でその破局に達した日本の諸欠陥に対して、之を補正する為の働きをした人々が、札幌農学校の、又北海道大学の中から極めて少数しか出なかったのは残念の次第であるが、新渡戸稲造はその少数の一人である事は札幌の誇りであろう。然しその様な人々は他の大学からも極めて少数しか出なかったのであるから特に北海道大学を責めるにはあたらないであろう。夫は教育の眼前的効果の面にとらわれすぎたからである。そしてその日本の欠陥とは、日露戦争後の日本の発展について述べた時にその暗い面として述べたものである。日本の国際的地位、農業の貧困化、政党の腐敗が之であった。日本国民は力が足りず、教育は真の効果を発揮せず之等に善処する事が出来なかったのであるが、今日の窮境から脱して之から発展する為には、矢張り教育の力に依らなければならない事は明かである。明治の始め人口十万にすぎなかった北海道に高等程度の学校が置かれて、米国から指導者を聘した事を想起するならば、教育の意義は自ら明かとなるであろう。札幌農学校が発展して行ったその段階に於ても、常に夫はそれが存在した北海道の需要に先んじて居たのであった。此の事を考えるならば、以上述べた札幌農学校の発展は形に於ては時勢に順応したものであったが、実質に於ては時勢に先んじたものであった事は明かと言わなければならない。此の事が真に理解されなかった為に真の効果があがらなかったのであった。従って只時勢がその時に要求するものをつくり出すのが教育と考えるならば夫は教育をして甚だしく卑俗低劣なものと化してしまうであろう。札幌農学校の創立とその発展とはその様な卑俗な基礎の上に行われたのではなかったのである。此の重大な事が見失われたならば教育機関の存在の意義はなくなる。時勢に順応しそして時勢に超越する事こそ教育の真の面目である。そして之こそ札幌農学校の伝統的精神と言わる可きものであろう。そして之から北海道大学が生み出す人物は、ただ今日の日本の窮境を救うに足ると言う丈けでなく、更に遠い将来、日本が更に大きな発展をする為に大きな貢献をなし得る人物でなければならない事は明かである。此の様な人物が産み出された時こそ、北海道大学はその伝統の精神を発揮したと言う事が出来るであろうし、その発展に一生を捧げた父の精神も明瞭となるものと言い得よう。

一、授　爵

昭和三年十一月に即位式が行われた時、広く陞爵、授爵、叙勲が行われたが、父はその時授爵の栄を得た四人の一人であった。同時に新に男爵となったのは、海軍大将山下源太郎、航空兵大佐徳川好敏、三井の団琢磨であった。軍人が二名、実業家が一名、学者が一名と言う割り振りである。新憲法と共に華族制度が消滅した今日、此の様な授爵がどの様な意味を持って居たか、どれ程の価値があったかを理解する事は、次第に困難となって来る。殊に今日では恩賞制度は未だ決定しないのであるから、今日に生きて居る人々は恩賞がどの様な意味を持って居るかを殆ど理解出来ないであろう。今日では刑罰丈けが国家制度として残って居り、刑罰の網の目は国民のあらゆる行動をおおって居るが、善行に対しては夫は普通の事として看過されて居る。人々は自己のその日の糧に狂奔して居るのであるから、広く他人の為につくす等は想像も出来ないのであろう。恩賞とか報賞とかは遙かに遠いものである。偶然の幸運丈けが此の様なものとして僅かに残って居るにすぎない。此の様な世相の中では授爵と言う最大の恩賞が行われた事が、夫は僅か二十年前の出来事であるに拘らず、夢物語の様に聞かれる事であろう。之は又、国民が何人につくし何人に報われるかが明瞭でない事にも基くものであるかも知れない。尠くとも終戦迄は、国民は天皇につくし天皇から恩賞があたえられた。その関係はまことに明瞭であった。今日では国民は国民につくす。国は国民自身であるから、自ら報いるより外に方法はない様である。勿論天皇は国民の象徴として栄与を授与する事が憲法で定められて居るから、何れは新しい恩賞制度が定められる事であろうが、夫は従前のものとは大いに趣きを異にしたものとなるであろう。何故ならば夫は国民が自分の手で自分に恩賞をあたえる事であり、天皇は国民の象徴として之を行うにすぎないからである。元来恩賞は自己以外の手によって、予期しない時に与えられてこそ一層効果があるのであるが、自ら之を行うとあってはその意義は殆ど失われてしまうであろう。特に高い程度の恩賞はその価値を有しない事になる。もっとも高い程度の恩賞は、別に必要でないとも言える。と言うのは此の様な高い恩賞を受け得る程の高い功績は、かかる事が出来たと言う事自身が大きな恩賞であるからである。夫を行った人は夫を行い得た事で自ら充分に満足する程の人物である事が、通常であるから、恩賞は別に問題にするにあたらないであろう。此の様に考えて来るならば、授爵と言う様な最高の栄典の授与も、幾多の難境を幸運と努力とによって切り抜けて、その境に至った人々には、一種の形式に止まってしまう事が多いであろう。今此処で父が此の栄典に値するか否かを論ずる事は困難であるが、一般的に考えて明治十九年に札幌農学校教授に任ぜられてから四十二年同一学校に奉職し、一の綜合大学に迄夫を育てあげ、又北海道開拓については多大の貢献をしたと言う事であれば、それはまさに「特に勲功により」と言われ得る程の功績である事は間違いないであろう。従って当時の父の心境としては、此の様な仕事を完成し得たと言う丈で充分酬われ得たと考えて居たであったろうから、特に栄典を予期しては勿論居なかったであろう。又キリスト教徒である父としては、最大の酬いは神に認められる事であるから、敢て地上の恩賞については関心はなかったであろう。然し父としては此の栄典が特によろこばしかった理由があったのである。上に述べた様なあらゆる消極的な理由があったに拘らず、父は特に此の時に於ける此の栄誉が自分一人の為ばかりでなく嬉しかったのである。その次第について述べる前に、華族制度について述べるのが順序であろう。

華族制度については夫が成立した時から既に非難の声があった。然しその非難の原因をなした弊害の大部分は、夫が世襲制度をとった事と又華族制度と貴族院の構成が結び付いて居た為に生じたものである。元来、華族と言うのは、明治以後に於ては、臣民の階級の一であった。即ち天皇の下に於て、皇族、華族、士族、平民の四階級があったのである。国民の間に此の様な階級をつくる事は、日本がまだ封建的な身分制度から充分にぬけ切って居なかった事を示すものである。そして之等の階級の何れに属するかによって、その社会上の待遇に差があったのである。それならば如何にしてかかる四種の階級に属するかが決定されたのであろうか。之は全く封建時代の踏襲であった。即ち徳川時代の武士は士族となり、平民は武士以外の農工商に従事したものであり、又それより上の階級即ち諸侯と公卿とが華族となったのであった。此の様に明治の始めに於ては、華族は純然たる階級の区別に対する名称であった。その階級は明治以前の原因によって定まって居たものであった。所が此の様な華族制度は明治十七年に一変した。夫は華族令が制定されて、爵位が設けられる事となり爵は公、候、伯、子、男の五等に分けられ、此の順序に序列が定められた。そして此の時の此の五つの爵位は、従来の華族即ち維新前の公卿及び諸侯にそれぞれの経歴勲功によって分たれた。即ちそれまでは単に華族と称されたものが之等五の区分に服する事となったのである。之は諸侯についても同様であった。之等五つの爵位の諸侯への割当ては、必ずしも徳川時代の封禄の大いさによらなかった。上述の通り経歴勲功が考慮されたからである。明治維新に際して勲功のあったものは厚く、然らざるものは薄かった。即ち夫は固定的な階級を意味するのみでなく、恩賞の意義が加わって来たのである。勿論身分の区別が生じた大きな原因は、ある時代の恩賞にある事は明かであるが、それから時日を経れば、夫は固定した階級となるのである。此の華族制度に於ける恩賞の意義は更に此の華族令制定の時に従来の公卿諸侯のみでなく、維新前後国家に勲功のあった者及びその嗣子を録して之に列せしめた事によって更に加わったのである。此の事は大きな意義を持って居た。と言うのは、維新前後に勲功のあった所謂維新の元勲の多くは、軽輩の武士であったからである。之等軽輩の武士或はその嗣子が、徳川時代にはその身分が隔絶して居た諸侯や公卿と同列に加わる事は、階級制度の上から言えば、極めて異例であり、たとえ此の様な昇進が徳川時代に行われたとしても、夫は明治の此の恩賞に比すれば極めて軽いものに止まって居たであろう。此の様な勲功による授爵が其後行われたのであったから、華族制度の意義は大いに変化し、夫は明治以前の公卿諸侯からなる階級と言う意味と国家に勲功があると認められた個人と言う意味と二つ持つ様になった。そして若し厳格に論ずるならば、公卿や諸侯と言った階級は、封建時代には世襲であったのであるから、夫は世襲であると言う事が意味があった。従って華族となってからも、彼等はその地位を相続人に伝える事によって存在を保って居たわけである。祖先の名を自己の名の上に冠する事丈に意義があったわけである。所が明治以後勲功によって華族の身分をあたえられた人々は、本来から言えばその人のその勲功に対する恩賞であるから、その栄誉はその人一代で消滅して差支えないし、又そうである可きであった。何故ならば、彼等が華族となったのは、彼等の勲功の為めであって、彼等が何物かを祖先から受けついで居たからではなかった。公卿や諸侯は祖先の名をつぐ事丈けがその生命であったから、その事の価値如何は別として、彼等に対しては相続を認めなければ彼等を華族とする意味はなくなる。

一方勲功による方は相続と言う観念は入り込むすきはないといわなければならない。此の様に華族の中には、二つのグループが判然と出来、若し此の様な制度を取るとすれば夫に従って華族制度が決定さる可きであった。つまり、公卿諸侯は世襲、勲功者は一代限りと言うのが理論上正しいであろう。所が此の理論は華族制度の実施にあたって貫かれなかった。夫は勲功による人々がその栄誉を子孫に伝えたいと言う日本人らしい人情の自然から来る希望の外に、事実上、以上二つのグループの中間に属する人々があったからであった。夫は公卿や諸侯ではあったが、同時に又勲功のある人々であった。それならばその人々はかかる両者を兼ねて居るから、上位の華族となり得たかと言うとそうではなかった。何故ならば之等の人々はその維新前の地位を以てしては、他の人々との振り合い上爵位を得るには不足して居た。然し又維新後の勲功のみを以てしては、やはり爵位を得るには足りなかった。何れも不足であったのであるが、両者を合せて、而も同上の眼を以て見るならば、ようやく華族に列するに足りる人々であった。此の様な人々はいわば上に述べた二つのグループの中間にあるのであって、世襲を可とすべきでもある様であり一代を可とすべき様でもあった。然し元来多数の勲功のある人々の中から彼等をえらんで爵位をあたえるとなると、矢張り彼等はその維新前の地位の為に爵位を得る事になると言わざるを得なかった。勲功ある者にも、世襲をさせても止むを得ないとの妥協が此の中間グループの為めに生じて来たのであり、華族制度は此の様な妥協的性質をもって出発したのであった。それならば一体華族の中で上述の様なグループの夫々に属する人はどの位にあるのか。昭和十七年の華族名簿によって見ると次の如くである。

先ず公爵であるが、十九人の公爵の中諸侯の子孫は徳川を筆頭に六名、公卿は九人である。此の諸侯の子孫が明治、大正、昭和の政治界に活躍したあとは殆どないが、公卿の子孫の中近衛については何人も知って居り、又西園寺の先代や岩倉の先々代についても周知であろう。公爵の中残った四人は、明治維新の元勲、その後の勲功者の子孫であって、山県、伊藤、桂、大山が之である。次は侯爵であるが之は数が多く四十二人である。そのうち公卿は十二人、諸侯は十五人、維新及び以後の勲功者が九人あとは皇族からの降下者であって之は六人である。

公爵と比較すると、公卿と諸侯の数が反対であるが、之はそれほど大きな差ではない。又勲功者子孫の数が多く、その中に木戸の如く昭和に於て著名な活躍をした人物も居るが、之等が全体に対して占める割合は公爵の場合と殆ど同じで約二割である。伯爵は一〇八人であり、勲功者が全体に対して占める割合は公侯爵より少し尠く二割に少し足りない。子爵の三七三人に対する勲功者の割合もほぼ同じである。男爵は四〇三人であるが、その七割が勲功者である。此の事は、華族制度が全体として見る時上位のものを除いては、維新前の地位の表示と言う事でなく、夫から発生した世襲制を持ち込んで来た恩賞制である事を明かに示して居る。従って理論的には若し区別して考えるならば男爵は一代限りにする事が正しい事であったであろう。然し華族制度は上述の様な理由から性格のあまり明確でないものとなったのである。

さて此の様なその中にいろいろな性質のグループを含んだ華族制度によって華族となったものには、如何なる特権があったであろう。元来特権と言うものは少数の人々が持つから特権であってその数が多くなれば特権ではなくなる。華族は上述した様に理論的には維新前の地位と明治以後の勲功の表示であったから、夫れ丈けに止まるもので夫以外に何等の権限のないのが理論的には正しかった。然し華族を設けた時は、皇室の藩塀と称した一の階級をつくる事が又考えられて居たから、之等の人に対し政治上の一の特権が認められた。夫は貴族院の制度であった。公侯爵は三十歳に達すると当然貴族院議員となり、伯子男は互選によって議員を出したが、その割合は何れも約六名に一人であった。貴族院の全議員中有爵者議員はその過半数を占めて居り、貴族院の権限は衆議院と殆ど差がなかったのであるから、之は明かに特権と言う事が出来た。而も伯子男爵中から貴族院議員となるものは、大体之等の各爵団の中で結成されて居た極めて少数者からなるグループが之を決定して他の容喙《ようかい》を許さなかったから、夫は益々特権化したのであった。従って之等の人々が貴族院を動かし、ひいては政界を動かして居たともいえるのであって、之は華族制度を設けた目的であるともいえるし、又その本来の趣旨に反したものであるともいえるのであった。そして此の様な事は世襲を認めた事から起ったのであって、元来勲功によって華族となったものはいわば功成り名成り遂げたのであって、それ以上政界に活躍するを望むものは先ずなかったのであるが、その子孫はそうではなかった。最も急速に権力に近づく道が彼等のある者に許されて居たのであったから、その道は多くの華族によって選ばれたのであった。そして之等の人々の上に近衛とか木戸とかが君臨してその勢力を揮ったのであった。貴族院と華族制度とを切り離せば此の様な事は起り得なかったのであるが、明治政府は此の二者を結び付けた為に、大きな弊害が生じて来たのであった。然し之を以て華族制度全体を非難する事は当らないのであって、もし政治との直結をさけ、又一方に世襲制度を廃するならば、かかる称号の授与は、恩賞制度としてまことに適当なものではあるまいか。殊に夫は天皇統治の時代に於ては、以上の様な弊害はあったが、その弊害は夫を受ける人自身とは関係のないものであったから、夫は恩賞としては、適当なものであり、日本国民のすべてがもって居た天皇に対する忠誠の念が、具体的に表現された事跡に対し天皇が之を公けに認めるものと考えられたから、まことに爵を授けられると言う事は臣民として最大の栄誉であった。叙爵と言う事を此の様に解するならば、父が特にそれを栄誉とした理由の第一は自ら判明するのである。何故ならば天皇が父の勲功を別の言葉で言えばその忠誠を認める事は、父にとっては特別の意義があったからである。何故特別の意味があったかと言えば、父はかつては朝廷に反抗した者であったからである。乱臣賊子と言う名で呼ばれた事があったからである。勿論夫は父自身の考えではなかった。父の属した南部藩全体がその様な行動をし、父はその中の一藩士の家族であったに過ぎなかった。然しともかくも朝廷の軍である所謂官軍に抗する事を目的として父自身も少年ではあったが準備をした事があった。即ち戊辰の役の事を言って居るのである。上に述べた様に此の時の悲惨な運命が南部藩の多くの青年の立志の動機となり、父も亦その一人であったのであり、彼等は勤王の志に於ては、当時の官軍と何等異るものではないと言う堅い考えを抱いて居たが、夫は容易に認められる所とはならなかったのである。以来星霜六十年、その間の辛苦は酬われて同じ干支である昭和戊辰の年に、その忠誠が公けに天皇によって認められたのであったから、之を喜ばずして何を喜ぶ可きであったであろう。父の感慨が如何に深いものであったかは、之を知る事は何人にも不可能であったであろう。若し父の此の感慨を知る事の出来る人物が居たとしたならば、夫は既に大正十年に兇手に斃れた原敬であったろう。原と父とは同じ境遇から同じく志を出でて時は違ったが共に出京した。原はフランス仕込みの自由主義者として藩閥との争にその一身をささげ、遂に日本最初の政党内閣を組織した。原については功罪の論は未だに定まらないが、政党の発展に大功のあった事は何人も否定出来ない。父は北海道に渡って教育と開拓とに一身を捧げた。その根本思想はニューイングランド風のプロテスタンティズムであった。同じ大正七年に原は最初の政党内閣の総理大臣となり、父は初代の北海道帝国大学総長となった。そして大正十年に原は非命の死を遂げたが、父は昭和戊辰の年に、明治戊辰の年の汚名をそそぐ事が出来た。二人の運命には夫々の色彩と変転があったが、その志は相同じかった。此の二人は今は地下に相会して彼等が共に世にあった時に機会があれば常にして居た様に、少年時代の思い出を語り合って居る事であろう。

一二、基　督　者

昭和五年十二月に父は北海道帝国大学総長を退官した。七十五歳の時である。五十年を北大の完成に捧げたが、結局、法文系の学部が出来なかった事はまことに心残りであったろう。此の時の感想を父は次の様に述べて居る(『現代』昭和六年三月号)。之は退官直後に書いたものである事は上述した。

「しかし、時機が来たならば文科なり、法科なり、経済科なりを置くやうになるに違ひないから、さう急がないで時機の到来を待つたが宜からうといふ所に帰着した。さうしてその時機の到来を待つことは五十年を公生涯に費した僕が踏止まるといふことは無意義であるから、此の時機に退職をして後進者にその途を譲るといふことが男子の本懐でもある。二十台にして広漠不毛の北海道に行つて今日に至るまで、人間として尽すべきことは尽した筈であるから僕はこの際潔よく退くことに決心したのである。

これから、私生涯に入つて雨読晴耕の浪人生活をするといふ訳である。けれども北海道の大学は僕とは切つても切ることの出来ない因縁の深いものである、過去の生涯を捧げつくした思ひ出の地である。職は退くけれども、生命のある限りこゝに踏み止まつて北海道のために尽すのが私の天職であると想つてゐる。

昨日青年今白頭　人生行路転悠々
功名一炊黄粱夢　雨読晴耕銷百憂

極めて拙詩であるが、最近の私の胸中を写したものとして、最後に附記する次第である。」

然し此の雨読晴耕は文字通りには実現出来なかった。北海道農会長としての任務を最後まで続けて居り、又昭和十一年には渡米までした。之は国際ロータリークラブの大会に日満代表として出席する為ではあったが、その修業時代を過したアメリカを最後の思い出に一見しようというのがその真意であったであろう。八十一歳としては、無理な大旅行であったが父はよろこんで出かけて行った。然し終始身辺に居た家族のものの目には、父の健康が此の旅行を転機として下り坂に向った事が次第に明かになって来た。昭和十二年には、白内障の手術を受けたが、手術後の健康の回復ははかばかしくなかった。然し格別の事もなく昭和十四年に至ったが、五月十一日に発病して臥床し遂にたたなかったのである。病名は肝臓硬変であるが、結局夫は老齢者として当然の死であったであろう。五月十一日の発病以来の経過を主治医であった有馬英二博士が『北海道帝国大学新聞』に書かれたから之を次に抄録する。

「今度発病されたのは五月初旬らしい、八日には放送録音をせられ頗る元気であられたらしい(落合氏談)。九日にグランドホテルで氏の録音を自身で聴かれたのであるが、十日の夕食は平素より非常に少量であつたと云ふ。自分は十一日に初めて診察をした。それは『元気が無く食欲が進まぬ』と云ふ事であつた。而も床に就て居られた。診察の結果は別段大した異状も認められない。脈も平脈で八十五位、体温も三十六度三分と云う程度、便通も平素の通りであつた。食料が平素の半量位に減じて居た。それから毎日ミニグリン(和製インシュリン)の注射を行ひ消化食欲催進剤を差上げた。が一向食欲も亢進せず、元気も出て来られない。実は昨年一月矢張食欲が減じ元気が無くなられた時はインゼリンの注射が甚だ有効であって、当時一ヶ月半位続けて健康を恢復されたのであつた。然るに今度は全然効力が無いのみか元気は益々なくなられる、当時尿の検査では糖が陰性蛋白は痕跡といふ有様であつた。十五日からは精力をつけるためにニナルモンの注射を始め又同時にビタミンBの大量注射を行つた。が何れも元気恢復を来たすに至らなかつた。体温脈搏呼吸等には変りがなく食欲は十五日から更に減じ少さなお握りが一個宛、牛乳三合、鶏卵六個果物野菜等であつた。

秋頃《ママ》から鼓腸が出で腹部が膨脹し初め便通が結した。而し鼓腸は排便が少量であるため中々取れない。下剤が少し利き過ぎると非常に疲労せられると云ふ具合である。二十二日から衰弱が目に見え加はるのでリンゲル液千瓦宛一回皮下注射を行ふ。男は良く之を辛抱せられたが、三日目には中止するの止む無きに至つたので、二十四日から二〇%グリコーゼ液五〇瓦静脈内注射を行つた。食欲益々減ず。米粥三匙、鶏卵二個、アスパラガス二口と云ふ具合である。二十五日から強心剤の注射を行ふ。足背の浮腫極めて軽微に見られた。外鼓腸は依然として存在し多少の腹水も証明せられた。二十六日浣腸後腹部縮小となり肝臓を解れた。肝は稍硬度を増し表面多少凸凹不平の状あり。胃部その他硬結は解れぬ。

爾来男の容体は日一日と衰弱せられるのみで、重体の御様子は五月二十五日からである。二十九日、三十日頃体温一時三十七度一分迄上昇したけれども、その後は寧ろ体温は低く脈搏は八〇乃至九〇位、時々結代があり呼吸は二〇前後で睡眠の時は時々呼吸変化し或は停止の状があつた。六月一日から愈よ絶望の御容子であり最早時の問題となつたので服薬も注射も全廃した。而て只管御苦痛無く安かに昇天せらるやうに力めた。此の頃から疲労其の極に達せられ絶食の状態となり水も飲まれず只『安かに早く昇天し度い』と御希望があつた。昼夜を通して嗜眠状態であられたが意識は四日夜愈よ危篤の状に達せられ、最後の訣別を御家族及今総長、宮部、高岡両博士に告げられた時も『ありがとう』と一言述べられた程清明であられた。而して翌五日午前八時三十五分眠るが如く真に安らかに昇天せられたのである。」

有馬博士は科学者の冷静と基督者の態度とを以て父の病状を記述された。その記述の通り最初は格別の事もないと思われた病状は次第にその歩を急速に進めて行った。夫は病気であったのか或は天寿を終ったと言う可きであったのか。子としての私は後者である事を今も信じて居る。父も最初は病気と信じてあらゆる回復の努力をした。然し日が進むに従って天寿が終りに近づいて居る事を悟った。あらゆる手当が無益である事を宣言したのであった。之は日は記憶して居ないが五月末であったであろう。此の自覚をしてから父の仕事は、八十年の生涯を送った現世に訣別をつげる事であった。第一に五月二十六日に故郷の花巻に居る義弟（父の妹淑子の夫）菊池捍に詩をつくって送った。最後に近づいた事を知った時、第一に想い起されるのは、少年時代を過した故郷である事は当然の事であろう。その詩は次の如きものである。

山水入吟境華城花月清
寄懐釣魚客尤是古友情

次に五月三十日には、在東京の六名の旧友に訣別の電報を発した。その電文は「我将に世を去らんとす感懐深し」というのであった。此の六名の人々は札幌農学校で共に学んだ人々であり、青年時代の思い出を込めての深い感懐は旧友の間に丈け通ずるものであったであろう。

更に死の二日前には、東京の牧野伸顕伯に同様の電報を発した。牧野伯は多年親交を辱うして居たのであったが、父の意としてはその一生を捧げた北海道大学の恩人として感謝の深い意が込められて居たのであったろう。牧野伯と北大との関係については上述したから此処ではのべないが、北大のあるいたあとをその生命の終りにあたって振りかえって最も大きな力をつくした現存する人として感謝の意を表したのであったであろう。此の様に少年時代の又青年時代の更に又壮年以後の友人先輩に対して訣別の辞を述べたのであったが、一方在札の友人、大学関係の人々とは病床に於て親しく訣別したのであった。

此の様に死を知った父の意は、次第に広く知れて行った。そして何人も父の死が最早さけられないものである事がはっきりした時、葬儀の問題が起って来たのであった。之はまことに異常の事であり、家族としては普通はたえられない事であるであろう。まだ充分に意識があり、外見からは病状もそれ程悪化して居るとも思われない時に、早くも葬儀の準備をする等と言う事は、異例中の異例であろう。夫にも拘らず何人も此の事を当時異例とは感じなかった。否むしろ早く此の準備をしなければならないと皆感じ、之をする事が父への義務であるとさえ考えたのであった。夫は死というよりも、一つの段階であるかの様であった。父がある所に行く決心で自らもその準備につとめて居るのに、周囲のものが夫に協力しない事は間違って居るかの様に感じた。そうする事が天の命であるかの如くに感じたのであった。そして此の準備は自宅の中で丈けでなく、大学に於ても進められて居た。父は之を知って居たであろうか。普通の病人であれば、その病室の隣室やその他で自己の葬儀の相談をして居る事は、まことに我慢のならない事であろう。然し父の場合は違って居た。父自らがかかる準備をせよという事を暗黙の中に命じたからである。何人が此の命令に背く事が出来よう。夫は世を去ろうとする人の最後の願望であったからである。然し此の葬儀についての一の問題が起った。夫は葬儀は神式かキリスト教式かという事であった。大学で学葬を行う場合に、キリスト教式で行う事が何かはばかられた、或は一種の異様の感じをあたえた時代であった。大学当局としては、むしろキリスト教式で行う事をさけたい様な意向もあった。此の事は確定しないで論ぜられて居たが、此の論議を父は知ったのか、父は私を含む近親者を枕頭に呼んで「私は基督者としてその生涯を終るのだから、葬儀は教会で行う様に」と命じた。教会でとはキリスト教式の意にとって差支えないものと我々は解釈した。之で葬儀の問題は難なく解決してしまったのである。六月十日の葬儀は大学葬でキリスト教式によって行われたのであった。

次第に基督者としての父がその最後に近づくに従ってあらわれて来た。六月二日の午後、父は賛美歌をききたいとの希望を洩した。之は希望というよりは矢張り命令であったが、メソジスト教会の真野牧師をはじめ教会の有志によって、父が愛誦して居た賛美歌五四番が歌われた。最後の一句「神の御名をほめたたえん」を父も自ら唱和して微笑した。そして死の前夜即ち四日の午後十時頃に真野牧師に最後の訣別をした。此の時の様子を真野牧師は次のように述べて居る(『北海道農会報』昭和十四年八月号)。

「六月二日先生の御希望によつて、病床に御訪ね申し上げた所『牧師さん、信仰を以て御国に参ります』と明瞭に申され、続いて『世にては悩み多し、されど我世に勝てり』と語られた。其の時先生の両眼には涙が光つて居り、顔は神々しいまでに輝やいて居た。病床は天の御座より聖なる光を受け際立つた明るさを感ずるように思はれた。勝利の充つる部屋、祝福の張る部屋だと思えてならなかつた。」

基督者として父は明るい死を遂げた事は、右の真野牧師の記述から明かであろう。明治維新の変転極まりない時に少年時代を送り、藩の運命を自己の運命としてスタートした父は、その修業時代から、又公人としての長い生活の間、すべて時勢の中に生活して居た。何人も時勢に抗する事は出来ず、之に従うより外に仕方がないからである。此の少さな評伝を読まれた人々は、如何に父が時代の影響を受け、その中で身を処するのに如何に辛苦したかを知られたであろう。之は父のみでなくあらゆる人々の人間としての運命に外ならないのである。然し父はその最後の瞬間に至って時代の力を脱する事が出来た。永久に生きる道を知った。此の時は最早時もその人を如何ともする事の出来ないのである。死と言うさける事の出来ない最大の時の力を自ら進んで之を迎える事によって之に打ち勝ったのである。そして父は夫を基督者としての信仰によって得た。あくまで時代の子であった父はその最後の時には、全く時代に勝った。世に打ち勝った。世とは時である。そして天に召されたのである。武士の子として生れた父は基督者として死んだ。札幌の豊平墓地にある父の墓石にきざまれた十字架のしるしは、時代の子が時代に勝った事の証明であり、永遠の生を父が送って居る事を示して居るものである。

第二部　回　想

佐藤昌介

一、佐藤博士経歴談　札中校友会に於る

遅れ走の勤王学

維新以後明治十八、九年頃迄の書生の状態に就て自分の経歴をも加味して話さう。明治初年と言へば諸君に取つては半世紀にも近いのであるが、私に取つては昨日の感がする。私は丁度其頃は諸君の年頃であつたが、中学は勿論小学校さへもなかつたのである。諸君も歴史で学ばれたことであらうが、当時は兵馬倥偬の余弊を受けて何が何やらサツパリ理が分らんと云ふやうな始末で、所謂暗中模索の体であつたのである。私は明治二、三年頃に一和塾と云ふ私塾に這入つて不完全な教育を受けて居つたのであるが、其頃は未だ漢学が盛んで洋学は実に微々たるものであつた。併し知識の要求学問の新気運は漸く其潮流を新にして、文運の曙光は稍々青年の頭脳に映じて来たけれども、如何にして其曙光を更に大に光輝あらしむるかと云ふ方法の問題に至つては実に混沌たるものであつた。諸君も御存じであらうが、私の

藩は不幸にして奥羽同盟の仲間入りをしましたので一時は天下の擯斥を受くるの余儀なきに至つたのであるが、其後漸く勤王の志を起して外史やら日本史やら或は蒲生其他の人の書いたものを読むで、遅れ走せながら勤王学を修むると云ふ面白い傾向を示して来た。

賄征伐行燈生活

今日の学生間にも寄宿舎の賄が悪いとか下宿屋の食い物が粗末だとかと不平を鳴らす者もあるさうだが、矢張り此頃の学生にも此不平があつたので時々賄征伐なるものをやつた。或る時などは一石二、三円であつた米が急に十円以上に騰貴したので、藩の学校に於ても純粋の日本米ばかりでは到底やり切れないと云ふので、南京米を仕入れて食はさると云ふ始末になつた。ソコで生徒は大に憤慨して賄を征伐すると云ふ悪戯をやつたのである。斯んな具合で随分悪戯もやり乱暴もやらないではないが、併し其半面に於ては実に真面目なものであつた。一例を挙ぐるならば其時代に於ては今の寄宿舎のやうに電気灯は勿論洋灯もないのであるから、例の行灯を点して徹宵書見に耽ると云ふ有様である。所が此行灯の油が夜間に絶えるので生徒は氷つた油を一々融して、更に之を行灯に注ぎ足して書見を続けると云ふ始末で、実に元気の躍如たるものがあつた。斯の如きは二、三年にして間もなく東京へ出ることゝなつたが、今より之を考へるとマルデ太古の状態であつた。然らば斯んな境遇斯んな生活に依つて出来上つた人は孰れも人物であるかと云ふと却々そんなものではない。実に心細い程寥々たるものである。然し此中から一人でも人物が出ると云ふことは青年に取つては寧ろ張り合のある話ではないか。

当時は皆腕白

菊池法学博士や那珂文学博士や原敬や阿部浩やは当時私共と一緒に生活をしたものだが、孰れも腕白の小僧であつた。殊に阿部浩の如きは人並以上に頭が大きかつたので、人は彼れを呼ぶに名を以てせずして頭々と呼むで居つた。殊に彼れは却々に横着奴であつたので、時々同僚の為めに蒲団蒸の刑に処せられたものである。私は明治四年に藩の塾を退いて東京へ出ることゝなつた。所謂、男児志を立てゝ郷関を出づ、学若し成らずんば死すとも帰らず、の元気を振り起して意気揚々と郷関を出たのである。当時は勿論馬車もなく汽車もない。東北の隅から膝栗毛で二百里以上の道を歩まねば東京には出れないのである。今では汽笛がピウと云へば一昼夜を出でずして着くことが出来る。之を三週間も費やした。当時に比ぶると実に隔世の感じがする。

道路血腥し

殊に維新の悲風惨雨は当時尚ほ殺伐の気を天地に止めて道路血腥しと云ふ状態であつた。仙台、白河の関、千住などは殊に最も著しく凄惨の気を感じさせたものである。東京も亦其通りで今日の如く気楽な時代ではなかつた。私も二本の大刀を手挟んで例の前髪を立てゝ行つたものである。尤も当時既に大勇断を以て散髪をした者もあつたが、丁度今の朝鮮人が自分の長らく愛して居つた弁髪を断るのが惜しいやうなもので、却々奮発が出来なかつたものである。斯んな風であるから東京にもまだ学風と云ふやうなものはない。併し漢学は依然として盛んなものであつた。洋学の研究もボツ〳〵始まつては来たが極めて微々たるものであつた。私も一度は吉野先生に就て漢学を学むだが、私の目的は別にあるのであるから、其後深川の小笠原塾に転じて、同時に大学南校に通学した。大学南校は帝国大学の前身で、場所は今の高等商業学校の所で神田の一つ橋である。深川の小笠原塾から神田の大学南校迄は一里半程もあるが今のやうに電車の便があるではないから、

毎日往復三里

の道を風が吹かうが雨が降らうが、短誇弊衣破帽汚靴と云ふ体でスタ〳〵と通ふたものである。同校では英学其他の洋学を教へることゝなつて居つたが、天下の秀才は悉く此所に集まつて居つたと云ふてもよろしい。勿論随分破れた袴を穿き、破れた帽子を冠り、赤くはげた靴を穿いては居つたが、意気は随分盛んなもので、所謂天下の英雄我眼中にありの種類であ

つた。

今は知識の中心

当時如何なる人が大学南校に居つたかと云ふと、小村外相、鳩山和夫、穂積陳重などの面々で今では政治なり法律なり外交なり殆んと凡ての方面に於て知識の中心となつて居る。併し当時の小村寿太郎君と来たら今でこそ一国の大政治家であるが、南校時代の彼れと言つたら風彩の上らざること夥しいものであつた。今より二十年若くは三十年の後には諸君は四十になり五十になつて彼等の今日を再現することであらうが、之を再現する為めには、否なヨリ以上の程度に於て再現せんと欲するには、今より大に奮発して其素地を造るの必要があると思ふ。

白袴の大将

私は深川より三人組で通学をして居つたが、其中の一人に柴四朗と云ふ会津出の男があつた。彼れは後で佳人の奇遇を著はし、今では政治界に於ても亦た一方の重鎮となつて居るが、南校時代の彼れは常に白の袴を着け長歯の足駄を穿いてキクムクと通学て居つたものであるが、当時白袴の大将と云ば却々有名であつた。モ一人坊ツちやん扱ひにして居つた可愛らしい男があつた。夏の熱い日には深川の川の中に這入つて能く泳ぎ居つたものであるが、其状恰かも河童子のやうであつたので吾々は之を呼ぶに河童子の坊ツちやんと云つて居つた。近頃私が台湾に行つた時に丁度船の中で一緒になつたので昔話をして大笑をして来たが、其れは彼の法学博士の石渡敏一君である。

其後私は更に外国語学校に入学た。其頃はもう大部書生社会にも秩序が立つて来た。さうして漢学は追々に衰たれ、之に反して洋学は非常な勢を以て火の手を上げて来た。丁度明治七年であつたと思ふが開成学校と云ふ専門の学校が出来た。さうして外国語学校は其予備校となつたのであるが、之と前後して国民教育論が唱道せられ教員を養成する所の師範学校は立てられた。今のお茶の水高等師範は其跡である。友人は大抵開成学校に入学たものであるが、私は独り外国語学校に入学るやうになつて五年の甲組に入れられた。当時の学生生活は明治四年頃に比すれば多少の面白味もあり、又た一種の趣味もあつた。併し英勇豪傑を以て自ら任じて居るに至つては同じであつた。

敵は牧野文相

東京でも時々雪が降る。雪が降ると珍らしいので外に出て大に遊ぶ。雪会戦も大に行る。相手は何時でも隣りの開成学校であつたが、外国語学校の側から的の中心となるのは牧野前文相と大久保の兄弟であつた。

落第の親玉腕白の大将

私が外国語学校の五年に入学た時に同級生であつた一人は高田早苗君で、同君は今早稲田大学の学長である。法学博士の土方寧、前に農商務次官を勤め今は上院議員である藤田四郎の両君は当時共に同一寄宿舎であつた。藤田は落第の親玉で外国語学校に居る時ばかりでも二、三回はやつて居る。併し彼は討論の雄将で閑さへあれば口角に泡を飛ばすと云ふ有様であつた。若し彼れが其当時に一歩を誤れば彼れの今日はなかつたかも知れん。併し彼れは二回や三回の落第で素志を翻すやうな男ではなかつた。モ一人当時の少年に太田稲造と云ふ腕白の大将があつた。今では第一高等学校に校長を勤めて居る、農学博士法学博士の両学位を持つて居る新渡戸稲造君である。僕は君とは親しい間柄であるから何を云ふても小言は来まいと思ふから、どうせ云へ出した序にモ少し彼れの悪戯をブチ撒けて置かう。彼れが初めて東京に行つた時に伯父さんに連れられて湯屋に行つた。スルと太田は着物を脱ぐや否や大きな風呂には這入らずに陸湯に飛び込むだ。伯父さんは隙さず彼れの不埒を責めたら機敏なる太田は、

東京には子供の風呂

までもあるのだと思ふて這入つたのだと答へたので、流石の伯父さんも彼れの機智には驚い

たと云ふ話がある。其れから馬鹿に汚ない容姿で有名であつたのは理学博士の酒井佐保君で、今では第六高等学校の校長である。彼れの汚なさ加減と来たら実に特別なものであつた。之に反して当時の坂谷芳郎と来たら実に、

絶世の美少年

であつた。さうしてお負けに才気の縦横なるは興銀の添田と相並むで同僚の羨望措く能はさる所のものであつた。彼等の今日あるは決して偶然でないと思ふ。御当人に取つて少し耳が痛いかも知れんが、どうせの序でに之れをもブチ撒けて置く。後ろの方は袴を五寸も長く垂れ下げて、列を造つて歩く時にも自分は独り超然として列を脱して平気なものである。さうして彼れの顔を見ると一癖も二癖もありさうな気味の悪いやうな間の抜けたやうなヘンテコな男があつた。誰やらん其れは世界の学者となつて居る理科大学教授の田中舘君である。更に学者政治家以外軍人側にも当時は随分腕白な者であつて、今では大に名を成して居る者も決して少なくはない。一例を申せば、

長幹の大入道

として思ひ切つた悪戯をやり居つた色の真ツ黒な、一見同人種ではないやうな、極めて殺伐な気風に富むだ男があつた。或る時例の賄征伐をやつたのであるが、入道素知らぬ顔をして

賄の合図をする鐘を切り落して便所の中に持ち込み、学校は之が為めに大騒ぎをしたが、後で其れが発見して退校処分を受け、当人は間もなく士官学校に転じ、今ては有数の陸軍武官として軍務の枢地に椅子を構へて居る。故障を申込まれてならんから名前丈は明かさんで置く。

誤魔化した

其後洋学の勢は非常なもので、漢学を学ぶ者は至つて少なくなつた。随つて漢学の素養のある者は段々と減つて来たと云ふ有様であつた。或る時学校(外国語学校)に試験があつた。生徒の数は千何百人と云ふ沢山な数で、其結果は露西亜語をやつて居つた青年が一番で、英語をやつて居つた仲間では幸か不幸か僕が優等の或位置を占めた。此一番を占めた青年とは何時か間があつたら会ふて一度話をして見たいものだと思ふては居たが遂に其機会を得なかつた。後で互に世の中に出てから会ふた事であるが、其時には何ちらの方でも良い加減に挨拶を誤魔化して仕舞つた。其人は誰あらん愛媛県知事の安藤謙助君である。それから間もなく札幌に来るやうになつた。今より三十四、五年前の札幌は実に寂寞たるもので、近頃は道庁を旭川に移すと云ふやうな説もあるが、其当時ならば何処へでも持つて行けたのである。

参議学の研究

男児生れて青雲の志ありで、当時の学生と来たら実に野心満々たるものであつた。殊に藤田、土方の徒と来たら盛んに法律を論じ政治を談じて切りに参議学を研究したものである。学生間の風潮は実に斯の如く蕩々として政治に傾き法律に靡びいて、天下の青年をして悉く政治家たらしめずんば止まずと云ふ凄まじい風潮であつた。此風潮を観じた所の僕は世の中が斯う政治熱に冒さるゝやうになつては到底耐まらん、僕は寧ろ実学をやつて此蕩々たる世間の風潮に反抗して起たふと決心をした。之が即ち僕の実学を研究するに至つた動機で、世間の風潮に反抗して起つた所は聊か勇気があつた訳である。

熊の足跡鹿の声

扨て札幌に来て見れば熊の足跡、鹿の声で、東京の賑かなる生活に馴れた僕は当時暫らくの間は実に寂寥の感に打たれざるを得なかつた。併し春は鰊、秋は鮭、冬は鹿のベステーキと云ふやうな料理が始終食膳を飾るので、舌鼓を鳴らしたやうなこともないではなかつた。斯んな具合で寂しいが中にも幾らかの楽はあつた。殊にクラーク先生を始め、孰れも皆相当の人格を持つて居られた方々であつた為めに、精神修養上に得たる所の利益と云ふものは決して少なくはなかつた。今日の教育は何ちらかと云へば機械的の教授にのみ走つて、真の教育と云ふものは実際に行はれて居らんやうに思はれる。教育はどうしても人格に接し先生に親炙して、精神上の感化を受くる所に真の教育がある。単に学校の教室に於て普通一遍の教授を受けて居るのみでは、其所に智識はあるかも知れないが、其所に徳育はない。

蜜柑箱を襲ふ

当時の僕等は斯んな考ひを特に意識して先生に接したのではなかつた。実は利己主義の結果であつた。何んな利己主義であつたか。其れは別段な利己主義ではない。蜜柑に対する利己主義であつた。当時の札幌には今日のやうに林檎はない。其れで先生の中には態々東京から蜜柑を取り寄せて無聊を慰めて居つた者もあつた。此秘密を捜り得た我輩等、争でか黙し得んや、である。之が先生に対する夜襲の動機、否な蜜柑に対する夜襲の行はれた理由である。当時而かも我等の作戦計画は常に図に当つて分捕品の多かつたことを、今猶ほ明かに記臆して居る。

躍々たる精神

明治七年頃は実に砲煙弾雨の時であつて、天下の興廃は容易に定まらなかつた。世は斯んな具合で騒擾只ならざるものがあつたが、此騒擾たるが中にも当時の青年は洋々たる希望と燦爛たる光明とに充たされて居つた。殊に邁往勇進の気風と躍々たる活動の精神とに至つては、実に嘉すべきものがあつた。一例を挙ぐるならば、丸木船に棹して豊平川から石狩川に漕ぎ出し、四十日の間、曾て人跡を印せざる所の大探検を企てたが、之は実に大胆なる冒険であつた。此四十日間の実物教育は我等に対しては極めて偉大なるインスピレーションであつた。斯んな偉大なる感興は到底室内教授の与へ得べき性質のものではない。未だ此種の経験談及シクヂリ談等も沢山あるが、今日は之れ丈にして置く。要するに諸君青年は進むことを知つて、退くことを知らない時代である。一国の人物となるも世界的歴史的の偉大なる人格となるのも、一に諸君の勤怠如何に依りて決定せらるべき運命である。

（『北海タイムス』一九〇九年三月三日～一一日）

二、憶ひ出の記

農学博士　東北帝国大学総長《ママ》　佐藤昌介

大正十五年九月十二日の日曜日に僕は偶在京せるを以て何れの教会に出席して礼拝を守るべきかを一考せる後、震災後新築せる横浜市蓬萊町の日本メソヂスト横浜教会に牧師たる杉原成義氏が嘗て札幌の我教会に牧師たりし縁故もあれば、旁横浜に行き同牧師の説教を聞くことに致し、その教会に出席せるのであつた。

説教を聴聞中種々の感想は胸中に湧出せるのであつた。それは専ら過去の思ひ出に関するものである。僕は明治五年の春より横浜に於て東京一ツ橋通にある大学南校を退学後英語を勉強せるものであつたが、星亨氏の校長であつた修文館にて英語の教師たりし人はブラウン博士で、同氏より英文の新旧約全書を手に入れて、日曜日毎にはバラ博士の牧師たりし教会に出入して説教を聞くことに致した。当時僕と共に此教会に来れる一人の青年ありて同学の友として交際せるが、此青年こそ後に基督教界の大立物となつた植村正久氏其人である。又此教会に二人の少年の守役らしかつた一紳士ありて、頓て聖書を研究せるが、此人は別人ではない基督教界一方の大立物本多庸一氏其人である。かくも同時に将来基督教界の大権威たる人々と横浜に在りし昔を憶ひ出し、然も両師とも福音宣伝の為め善き戦をなして今は神の御側に在るかを思ふと今昔の感に堪へぬものがあつた。

ブラウン博士らは僕が横浜を去つた後面会の機会を得なかつたが、バラ博士には四十余年を経たる大正二年に僕が米国に二度目の旅行のときに、同氏を訪問せば八十歳近くの高齢にて一生を神の王国の為めに捧げ、静かにその老を養ふて居らるゝを見て、如何に信徒の生涯の清く所謂聖者なる人は如斯人をこそ云ふものであらふと思ふたのである。

僕は横浜にては如此環境より求道の人ではあつたが、信仰を告白するまでに教理を知るに至らなかつた。然るに横浜にて播れたる種は札幌にて実を結ぶに至つたのである。その種に水を漑ぎ生命を起すに至つたのは恩師クラーク先生の熱心なる信仰と指導に依つたのである。併し僕は平信徒中の最も平凡なる信徒であることを自覚して居るけれども、僕の使命は別に神より与へられたるもので有事を信じて余生を之に捧ぐる積である。斯く曾遊の地横浜に至り礼拝日を守り憶出最も深きもの有と同時に、神の摂理は人の使命の分るゝ所で有事をも自覚したのである。

（出典不詳、北海道大学大学文書館所蔵「佐藤昌介旧蔵スクラップブック」より）

三、友人を思出のまゝ

男爵　佐藤昌介

高田総長を知つたのは明治七年の春で、五十七年前の昔である。当時外国語学校なるものは一ツ橋外今の商科大学の処にあつた。明治七年の初め生徒の募集に応じて、入学試験を経て余は英語科五級の甲組に入学した。高田君は好成績を以て頓て同級に入りて級の上席を常に占めて居つたと思ふ。下谷御徒町辺より学友宮部高田抔と一処になりて上校し来れるを記憶して居る。長身白面白袴の少年は高田君と知られた。此の外国語学校より英語科は分離して東京英語学校となつたが、両校とも文部省管轄にして外国語学校は開成学校と相対し、東京英語学校は柵を隔て、北の方に開成学校と隣を成して居る。一ツ橋を丸之内より来ると突当り、元大名榊原の邸は東京英語学校で、校長は肥田昭作、副校長は服部一之、監事は西村貞、清水彦五郎抔であつた。英語学校は寄宿舎を開いたとき余は入舎したが、高田君は下谷の自宅より依然通学して居つた。

英語学校の学課は英語に重きを置いたもので、教師は凡て英米人であつた。今日の国語漢文抔は学科となつて居らぬ。それは青年の教育上宜敷ないと云ふ文部省の意見で、両語学校の生徒を尽く試験して、その学力に従つて、課程以外の等級を定めて、漢文を授業することになつたことがある。高田君と余は英語学校組の一級に編入されたが、教科書は文章軌範で、教師は東京新繁昌記の著者服部誠一氏であつたが、先生は弟子共の青年を誨り易いと思つたか能く調べて来ぬこともあつた。級中には後に司法官となつた八釜シヤの青年もあつて、屢々先生の急所を突きて質問を試みたことを記憶する。併し先生の文草は流石は手のもので、美文は敬服すべきものであつた。

此の漢文授業の外に、頓て課外授業として英国史の意訳授業もあつて、新帰朝の副校長服部一之氏は担任教官であつた。これでも高田君と余は一処であつたと思ふ。此の組でも後に名をなせる有為の青年はあつたが、高田君は到る処可ならざるなく、嶄然頭角を現はして居つたことである。君は下谷の自宅余は寮内の生活であつたけれども、学友として親交ありて、学課の相談抔で寮に立寄ることも屢々あつた。君は英文には達者の方で、英語学校の一級に進み、スコツト教師の教授を受けたときは、級の上席は君か土方寧君かであつた。之に次くは藤沢力(利喜)太郎君であつたと記憶する。

余の高田君と学校の道連は明治七年より明治九年迄であつた。明治九年は余は開拓使の学校に来ることになつて、高田君と別れた。北海道に来なかつたら開成学校に入つて、明治十五年に東京大学を君等と一処に文学か政治を卒業したことゝ思ふ。余は北海道に来りて後も音信の往復をなして交際を致して居つたが、余は明治十三年に学校を卒業して、高田君は尚ほ大学に在学中であつたが、余は明治十五年の夏高田君の大学卒業の年に渡米したので、暫く高田君卒業後の動静を知る処なかつたが、明治十九年帰朝して頓て北海道の母校に在職することになつた節に、高田君は早稲田に大隈伯を戴き専門学校を建て、鋭意奮闘せらるゝを聞き、その意気を壮としたのであつた。爾来五十年間の経営で今日の早稲田大学を築き上げ、我邦の教育上貢献せし功労の偉大なるは申す迄もなきことである。

君は中頃埼玉県選出の代議士となつたことがあるが、その際余の父昌蔵は岩手県選出の代議士として議席を隣したことがある。伜の学友にして壮年有為の政治家と席を同じふせるは最も欣快の事で、又た因縁あることであると父が話し出せることがある。

大隈内閣のとき君は文部大臣として、余は東北大学の農科大学長であつたが、北海道大学を独立せしめ医科大学を創立する問題につき文部大臣官房で会議を開いたことがある。総長の北条時敬君は反対側である。陳情委員は俵孫一氏北海道長官阿部宇之八君(札幌市長)で、本省側は福原文部次官松浦専門学務局長と云ふ顔振れであつた。此の際余は当事者であるが無言の列席者であつた。双方の論を聞きて大臣の決裁で北海道大学創立の大事は決するのである。文官の責任者であつた大臣の英断を今も尚ほ我等は感謝して措かぬのである。

政界を退き、早稲田大学に再度総長の重任に就かれたることは高田君晩年の功業を全ふした所以であると思ふて、余は大に賛同する所であつたが、今回勇退の報を聞きて、学界の為め此耆宿を失ふことを惜むで止まぬのである。

(『早稲田学報』第四三七号、一九三一年七月)

四、三十年前の今日このごろ(一)

農学博士　佐藤昌介先生述

斯文は先生が御多忙な時間を割いて、口述せられたのを筆記したので、文責は記者にあることを諒せられよ(渋谷生記)

学校の生命は永遠無窮なるべきものであるから、三十年の歴史は極めて短小の期に過ぎぬ、然れども人の一代より之を見れば三十年の昔は顧みて恍として夢の如く、社会の事物は駿々として進歩罷まず、活動窮りないのである、変遷あり、波瀾あり、三十年の過去を顧みて、幾多の有益なる教訓を吾人に与ふる者ある事を知るのである、予は頑健にして幸に三十年前に遡り、当時の学校の有様が如何であつたかを回想することを得るのは、非常な幸福と思ふ所である。

今や厳寒の時季、或は交通の杜絶する事や、汽車の立往生することなどを頻に耳にする所であるが、三十年前の今日此頃の学生の生活は如何であつたかと見るに、第一冬季間の長き休暇を漸く了て、方さに課業に就いた時期である、当時は十二月中旬より一月末まで長期間のウインターヴエケーションを得るのであつた、彼の第一期の学生等が明治十年の一月にクラーク先生の指揮の下に、雪を冒して手稲山に登たのも此頃である。

校舎は旧寄宿舎で、明治八年の建築であるが、今は只だ其残影を北五条通青年寄宿舎の裏に止むるのみである、外に講堂は北講堂で、明治二十二年頃祝融神はこの歴史あるもの灰燼に帰せしめて仕舞た、而し其後身たる此講堂は現に逸見病院に形を換へて居る、而して演武場もなく化学講堂(今の北海女学校)もなかつた。

吾等当時の学生が、親愛せるクラーク先生始め、外国諸教師の住ひし所は、南一条東一丁目に旧本陣とて当時に在ては荘厳な建物であつた、学生が今日此頃の冬の夜長にはクラーク先生を初め、他の教師を頻繁に訪問した、今の様に別にかるたの遊などは無かつたから、是れが無二の良師友で、又最も楽しかつたのである、殊に外国教師は本邦の蜜柑を好むで、交通不便なる当時に在りては、蜜柑の如きは極めて珍とするに足つたから、学生の彼等を襲ふ目的は、此に在たので、蜜柑の消費に向つては、少なからず助勢をしたのである、内にあつて学生の生活は、朝夕とも寄宿舎に於て洋食を取た、而して食膳に上るものは専ら鹿肉のビーフステーキで、肉といふ肉は、凡て鹿で牛ではなかつた、魚類では鮭、鱒及鰊の外なく、料理は如何に換へても此外にはなかつた、間食物としては一条通蛇足庵といふ所の豆煎餅と饅頭に、舌鼓を打たのである、又学生は土曜日の来るのは最も楽しい一であつた、此時一人に付き二十銭の散歩料を貰ふので、是れが又無二の財源で在つたのである、十年の秋になつて、ブルツクス教師が一時間五銭の報酬を以て、草を耘り馬糞の取片付けをせしめて農場に働かしめたので、漸く財源を増した。

クラーク先生は元来植物学者であつたから、頗る植物採集に趣味を有して居られた、クラーク先生から刺戟を与へられ、雪中から福寿草を取る手柄は、名誉として居た程である、此と同時に野外の楽としては、今日の様に規則も禁令もなかつたから、猟銃を肩にして郊外に狩猟に暮すことであつて、大概の学生は之を為した。

開識社の組織成立つたのもこの頃で、或る晩クラーク先生が他の教師を連れて、突然実見に来たのは最も不意の襲撃で、時に小野琢磨氏が十五分間斗り立往生をなしたのも此時であつた、校長は調所広丈氏で、開拓使本庁は其本務であつたから、森源三氏が専ら校務を取つて居た、而して黒田長官の下には堀基、鈴木大亮の諸氏が専ら拓植の要務に当たられて居たが、今は鈴木大亮男は故人となられ、当時を追回して哀悼の念に堪へぬ次第である。

日本の教官としては井川冽、山田昌邦、堀誠太郎、長尾布山の諸氏であつた、其中井川長尾両氏は漢学者で、詩作を能くして居たから、学生中一二の人は、冬季中寄宿舎の当直室で、詩の会を開いた者もあつた、寄宿舎生活中夜の点検と朝の室外に於ける整列とは、一寸異例とする所であつた、衣服、襯衣、帽子、靴等の物品供給掛は加藤正敏といふ人で、現物経済に時々不平を洩らしたのであつた、兵式教練の教官としては加藤重任氏で士官学校第一期の卒業生、軍人に似ぬ学者であつた、これが兵式教練の初めをなしたのである、寄宿舎室内に於ける暖を取る方法は最も妙なもので、二つの室の間をストーブの入る丈け開けて、一のストーブを以て両室に利用したのである、総てが洋式であつたから、和服を着ることは殆んどなく、極まりが大層善かつた、ストーブ一個を一室に専用するのは教室のみであつた、其れに就いて一つ面白い話がある、クラーク先生の室は二階、ホイラー先生のは階下で、下から二階へ煙筒を突き出して煙を出す仕掛けであつた、或時下から突き出て居る煙筒から、煙が洩れ出して、二階は一杯其れに満たされて仕舞つた、其所で色々防禦の策を施したけれども、遂に成功せずしてクラーク先生が其煙突を突き下げて仕舞たから、ホイラー先生赭くなつて怒て、最早や授業をやめて帰ると云ひ出された、温厚篤実の老先生もある時は非常に怒られたのである、クラーク先生は元来メンタル、マクチビチーの偉大な人で、彼の宗教信仰個条及禁酒禁煙の誓約等は雪中で行つた、要するに三十年前の今日此頃は、一方には精神的教育に基礎を置き、他の一方には学術の進歩に伴ふ開発的教育の土台を置いたのである、先生の訓陶を受けたる教師にして、爾来明治二十四年頃までは五人にも達し、其間十幾年、農業教育に、将た数多俊才の養成に力を致され、初めクラーク先生の計画せる基礎の上に働いて、其大方針を変じなかつたのである。

三十年前の北海道拓殖の事業は、之を今より見るときは太古爽昧の感がある、当時に於て全道の中心たる札幌の地を選むで之を学都となし、高等教育の基礎を此時に於て定めたるは、開拓使先見の明ありと云てよろしい、元来の方針は独り農学に止めず、工業、礦業其他あらゆる開拓成務に必要なる日進の学術は之を修め、所謂実用実務に関する高等教育を此に開く計画であつたのである、要する所大学を置く積りであつた、しかし其事業は容易ならざる事であつたから、単に農学丈けに止めて置いて、明治九年に之を起したのである、爾来三十年時勢は進み来つて夢の如く、教育界局面は一転せむとする気運に際会した、此に於て先輩偉人の功労偉大なるを追懐すれば、後進の吾人は猶ほ奮励一番して其志を継ぎ、大成を他日に約せざるべからざるの感がするのである。

（『文武会会報』第五〇号、一九〇七年三月）

五、廿五年前迄

佐藤博士談

「ハア新島君から御話はありましたが…如何言ふ事を御話すれば宜いのですか？」

「ハイ今度先生の御就職廿五年祝賀会のありますに付きまして文武会々報は之れを記念号と致す事になりました、それで此の事に関する先生の懐旧談とか御感想とかを承はり会報に掲載致したいと存じまして御伺ひ致しました」

「ア、左様ですか」学長は暫く黙考せられた。

内地では最早春といふ、梅咲いて東風鶯語を誘ふ頃を北海道の雪はまだ深い、それでも流石に節分後の暑さに道の悪さ、馬の糞が流れて居る、二月廿五日の午後、僕は学芸部の幹事として学長を訪れたのである。

「デハ廿五年前迄の話を為ませう、其れからの事は私としては話し難いですからね！」

之れから先きは学長の談話を筆記したものであるが勿論文責は僕にある、其の積りで読んで貰いたい。

『数ふれば昔、明治九年六七月の交、東京英語学校（大学予備門）第一級教室に、品位ある米国の一紳士が二人の若い同伴者と、授業の参観に来られた。一級の担当教師は米人スコツト氏で東京師範学校に招聘せられ後に英学校の教師となられた老練なる教育者であつた。教師達と教場での会見で、其の紳士は新たに開拓使より招かれたるクラーク氏で、同伴者はホイラー氏とペンハロー氏とである事を知つた。其の時始めて開拓使が英語学校より北海道行の志望者を募るのである事を知り、此の問題が、一級と二級との在学生間に起つた。最早学年末で皆近く開成学校（大学）に入る準備中とて、問題は北に行かんか、本郷に留まらんか、此処が思案の一ツ橋と云ふのであつた。本郷の大学の建築は未だ始まらず、開拓使の、札幌に農学校を起す意気盛んで、血気の若者に遊説を試みたので、甲も乙も丙もと一級は甚だ動揺した。余は其の志望者の一人で、申出をなしたるに、校長も教師も、北に遣るまじと、種々の事を以て引き留めんとした。特に副校長服部氏（今の兵庫県知事）は引き留めに熱心であつた。外国教師等にも、同意者は少なかつたのである。同志者の一人大島正健氏は、極はめて温厚の人であつたが、或る教師は氏を揶揄して、蝦夷の女《メ》の子《コ》と家庭を設け、プラウを執り田を作る所存か、と言つて居た。されど同志者十数名あつた、中には志はあつたが中止するに至つたものもあつた、高田早苗故井原師義(大審院判事)氏等の如きである。越えて数日、芝山内の開拓使出張所より召喚状来り、形式的試験の如きものあつて、西村貞陽氏(開拓使三等出仕)より直ちに辞令を受けた。此の時森源三氏にも始めて会つたのである。

同志の面々には、大島、渡瀬、内田、田内、柳本の諸氏と、開成学校より黒岩氏を加へ、残りて開成校に行ける人々には、土方寧、高田早苗、藤沢利喜太郎、田中舘愛橘、藤田四郎等の諸氏があつた。辞令は札幌学校官費生と云ふのであつた。之れが北海道ツ子となれる抑々であるのだ。

北海道への渡航は品川より玄武丸(凡一千噸)に搭乗する事となつた、同船には黒田長官を始めクラーク氏の一行があり、我々の守役には森源三、山田昌邦の両氏があつた。玄武丸出帆の際には、西郷従道氏が黒田長官を送りケビンにて歓談せられたる事等記臆する。

始めての航海故多くの生徒中弱れるもあつたが、四国の海島育ちの黒岩、内田、田内諸氏は、元気旺盛で甲板に出でて大に活動した。函館に着いた時は、東京と全く風物異なり、如何にも蝦夷地に来たれる感があつた。上陸休憩せんと考へ居る時、森氏は吾々を引き留め、大いに訓告を与へられた、其の何の為の小言なるか知らざりしも、後に聞けば、甲板下に食堂あつて、之れに黒田伯、クラーク氏等が食事中とも知らず、甲板上に元気に任せ土佐節抔を唱へて活動せる為と知り恐縮した事もあつた。

次いで玄武丸を小樽に廻航し、銭函を経て札幌に入るの順序であつた。当時の小樽は寂寞たるものであつて手宮方面には、今の越中屋が、砂浜上に孤立して居た、港町方面は稍々人家があつたとは云へ、要するに大なる漁場に過ぎなかつた。小樽よりは馬上の人となつて、銭函を経て札幌に入り、直ちに、札幌学校寄宿舎の人となつた。寄宿舎には、前年東京より移れる在来の生徒があり、アイヌの生徒も二三見えた、之れ等は試験して淘汰せられたる結果残れるは荒川、伊藤の諸氏に過ぎなかつた。

八月十四日には開校式行はれ札幌農学校と改称せられて黒田長官も臨場せられ、クラーク氏の有名なる演説(今訳されて図書館に掲げられたり)は其の際為されたのである。明治九年八月十四日は当大学の沿革上記すべき日である。其の八月末、三条公が　御名代として渡道せられ、山県、伊藤、寺島の諸卿を従へ、当学校に臨まれた。

明治九年より十年の春に亘りクラーク氏の建策に又其の直接の薫陶により、教育上の基礎を建設し多望多幸の年であつた。クラーク氏の学識深遠なる、人格の崇高なる、学校の内外を問はず、皆等しく畏敬する処であつたのである。

東京より来れる我れ等学生は、恰も札幌に洋行せるかの感があつた。即ち衣食住は凡て洋式で、授業も外国教師であつた、邦語の教授は更に無かつたのである。寄宿舎内では凡ての必要品を支給せられ、洋食は朝夕二度、牛肉はなかりしも鹿肉は甚だ多く、其のステーキは飽くまで貪ぼつて居た。

始めての冬を明治九年に暮したるが、クラーク先生の活潑なる野外の採集等に同伴し、殊に雪中手稲登山の如き、当時の開拓使の役人を驚かしたのである。

明治十年の春、クラーク先生の帰国するを送つて、我々は島松迄行つた、先生が島松の坂を登り、其の駿足に一鞭を加へんとせる刹那、惜別の情に堪えず振り返られて、先生を送れる我れ等の一群に対し、残されし言葉が此学校に、永遠忘れられざるボーイズ、ビー、アムビシアスであつた、かくしてクラーク先生は去られた。先生の後はホイラー氏が継がれて教頭代理であつた。氏はクラーク先生の高弟にて、人物も堅実に畏敬すべき人であつた。

明治十年には西南の内乱起り、札幌よりも屯田兵の出動を見たなれど、吾々学窓にあるものは、其の天職を守り、学事を続くるの外はなかつたのである。ホイラー、ペンハローの諸氏もクラーク先生の計画を引き継がれ、十年の夏期には、ホイラー氏は測量隊を率ゐて渡島方面に至り、ペンハロー氏は石狩内部の探険隊を組織し、丸木船数艘と土人十数名とを引率し五六名の学生と共に、豊平川を下り石狩川に出で、之れを遡りつゝ石狩原野の地質、鉱物、動植物の採集をなした、当時は、石狩川沿岸何処にも、未だ一戸の人家なく、僅かに処々にアイヌ住む、不毛の原野であつたのである。唯対岸に榎本武揚氏の開墾地があつたのみである。数十日を費し空知太に行き、空知川を上り芦別の奥に至り鱒の滝上りを見たのは愉快であつた、之れより帰路に就き石狩川を下りて幾春別に出で、今日の岩見沢、幌内と経て帰来したのであつた。採収して得たるものゝ一部は、今博物館に保存せられてゐる。

其の後外国教師も農学専門のブルークス氏、人体生理、獣医、語学の教師としてカツター氏来り、ホイラー氏の後には土木数学、測量の師ベーボデー(今ボストン工科大学教授)氏も渡来せられたり、其の年には、内村、宮部、南、新渡戸、広井、足立、町村、高木諸氏の二級生徒来道せられ十一年には高岡(直)、伊吹、久島、尾泉の諸氏来られ、全校の学生凡て北海道の拓殖を双肩に担ひ、其のパイオニアーとなるべき意気と抱負とが盛んであつた。十一年にもブルークス氏に率ゐられて殖民地探険隊は北海道南部方面を跋跡した。斯くて何れも青年勇往の気に満ちて、外には農業の新知識を他に分つ為、農業雑誌を発刊し、内には開識社の集会賑はひて修養に資する処少なくなかつた。

明治十三年に、第一期の我々は卒業して、予定の如く開拓使の役人となつた、けれども黒田長官の心算は、啻に官庁の小役人とする目的でなく、教育ある土着の紳士を、至る処に植ゑんとするのにあつたる故卒業後は北海道に転籍する事が入学の際の一条件であつた。又在学中の学資金を積み、卒業後は土地の払ひ下げを受けて、経済的基礎を之れに据ゑ得る丈けの考案迄、長官は立てられて居た。従つて当時の学生は、自ら北海道を以て墳墓の地とする考を有つて居た。卒業後余は学校に残り、黒岩氏と共に、農園にてブルークス氏の助手となつた。在校中にもブルークス氏は、農業講話を教師官舎に開き、実業者に聴かしめ、又は農業に関する意見書を開拓使に出す際は、通弁、翻訳凡て余の任であつた等の縁によるのである。されど米国留学を希望する余は、卒業後屢々、調所校長及時の当局者に逼つて、略々賛同を得たれど、黒田長官の許可必要であった為、卒業後直に目的を達する事は出来なかつた。

明治十三年末、幌内鉄道を建設せる米人クロッホード氏が、松本荘一郎氏(後の鉄道長官)と共に上京する際随行を命ぜられた、職務違ひなる故、何等か理由ある事と思はれたが、果して余を東京に出して、黒田伯の許可を得させんとした、当局者の好意であつたのである。一行の目的は、青森より東京に通ずる東北線の予定線を視察するにあつた、余は東北人なるが為其の案内役を勤めたのである。余は東京着後直に小牧昌業(現貴族院議員)氏に面会したるも黒田伯は許可しなかつた。蓋し先年数多の学生を留学せしめたるが、其の結果良好でなかつた為、伯の御機嫌未だ斜めであつたのである。

其の後クロッホード氏の帰国するを送り、次いで明治十四年の、内国博覧会委員を命ぜられて滞京したが、洋行の目的を果し得ず札幌に帰つた、帰つた北海道は丁度蝗虫の被害が盛で其の駆除係を命ぜられたのである。併し余倩ら考ふるに、一年を遅くすれば留学の期を失ふを以て、辞職洋行と決心して十五年には上京したのである、丁度其の年開拓使が廃せられて三県を分置せられ学校、農業、商業に関する事は農商務の所管となつて開拓使残務取扱所が置かれたのである、そこで之れを機会に辞表を呈出して聴許せられ愈々渡米する事とした。米国行に助力せられしは時の開拓使農業教師であつたエドウヰン、ダン氏(後東京駐在の米国公使たりし人)で、氏は米国の農務局に照会して、余が渡米後の農業実地を習ふ場所を造り呉れた。又開拓残務局よりは慰労として旅費を支給せられたのであつた、之れ等の事に力を得た余は、荒川氏と共に明治十五年七月に渡米したのである。荒川氏も余も、前年家庭を設けたので之を東京に残し置き遠征の途に上つた、当時の洋行は今日と異り、極めて稀れであつた為、余程の発奮によらなければならなかつた。先年故人となられた鈴木大亮氏の如きは常に我れ等の同情者で且つ保護者であつた。

やがて着米するや桑港では領事柳谷謙太郎氏(今の錦鶏間祗侯)華聖頓では高平小五郎氏

（後に駐米大使たりし人）紐育では高橋新吉氏（当時領事）諸氏の好誼で予定の如く、紐育市を去る五十哩西方のハドソン川に近きホートン農場に行つたのである、其処には札幌にて師事したペンハロー氏が農事試験の主任として在職せられて居た、場長は陸軍少佐アルボルト氏で、後にマサチウセツド農学校の教授となり、又華聖頓政府の農務省動物局長となられた人である。余は一ケ年間当農場で実地の練習をなし誠に愉快なる農場生活をなし、農村経済、農民生活状態等を学んだ。淋しき時は紐育に出で在留の邦人商業者新井領一郎氏上野栄三郎氏等と交際して居た。

一ケ年の農場生活によつて、農業の実際を多少学んだ故、之れより農政、農業経済の方面を学ばん為に、種々米国の大学を調査したる結果、バルチモアなる、ジョンスホツプキンス大学は、新興の大学にて研究の気風盛んで一種独特の使命を有せる大学なるより、其のフエロー（特待生）を志望して論文を提出した。審査の局に当れる教授は、競争者多くして及第せざるも当方に来らば学資の如きは心配するに当らずと好意的の誘ひを寄越された故、十六年九月より農場を去つて該大学に入つたのである。至つて見れば、自由研究の盛なる大学で甚だ愉快に思はれた、余を招いた先生は、新進気鋭の少壮教授でアダムスと云ひ、政治歴史を担当して居つた。経済学を担当して居たのは後に有名となつたイリー氏である。演習室で卓を並べた大学院の学生は、各大学より集まつた秀才であつたのである。

此処で余の基礎的修養の足らざるものあるを(例へば語学の如き)大に自覚して苦しんだのである、が尚ほ余を苦しめたのは兵糧の足らなかつた事であつた。

其の頃、余が大学院の学生となつた事を農商務省にあつた北海道事業管理局の先輩、鈴木大亮氏、安田定則氏等が同情せられて、余を農商務省御用掛に命ぜられ、月手当銀貨五十円を支給せられた。此の事は余には大なる後援であつたのである。命令は米国に滞留し農業拓殖に関する事項を調査し、時々報告し、帰国の上は札幌農学校に奉職する義務あるものとす、と云ふにあつて、一種の留学生となつたのである。

十七年には新渡戸氏が渡米せるを以て、バルチモアに呼んで同居する事とした、バルチモアには余と新渡戸氏とのみであつた。余の以前には箕作佳吉君、京都の久原躬弦君(理工科大学長)が居たのである、新渡戸君に次て元良勇次郎君(東京文科大学教授)来られ、各自研究の部門を定めて進んだのである、余の研究は北海道拓殖上参考となるべき事を考へ、米国土地制度を調査した。同学の学生は政治、経済等種々の研究をなせる中、特に秀才にて人格も高いと認められたのはウードロー・ウヰルソン氏であつた。其の調査したる「議会政府」を始めて報告した時、学力の優秀なる事が今更伝へられたが、果して後にはプリンストン大学総長となり、ニユーゼーシー州の知事に選挙せられ、本年は民主党大統領の候補者として指命せらるゝ噂である、其の他現ボストン工科大学長ヂユーヰス氏、米国版のレビユー・オブシビユー記者アルボルト、シヨウ氏等もあつた、之れ等の学生間に立ち交はつて、並び進むには中々の勤勉を要したのであつた。

十八年には、夏季間独逸旅行を企て、各所を巡歴して農業の一般を視察した、伯林には当時都築馨六君や穂積八束君も留学中であつた、時の公使青木子爵、故野村子爵等が独逸に尚ほ両三年留まり農政学、経済学の調査を勧められたれど、米国の田制研究半ばなる為と、当時倫敦に開かれた発明博覧会に安田氏と渡瀬氏とが来遊中であつたので、一存を以ても決定し兼ねたのとで、独逸より倫敦に渡り安田氏と相談の上、再び帰米する事となり、スコットランドを経て、またもや米国の人となり田制の調査も結了して、愈々故国に向つて帰途に就かんとする際、内閣の官制変り、次いで北海道事業管理局も廃せられ、三県は新たに北海道庁に総括せられて、岩村通俊氏が其の長官となり、拓殖に関する事業が一新生面を開くに至つた、と共に命令が米国に到達して、余は北海道庁属として依然米国に滞在し、農業教育、農産、水産に関する事業を調査の上帰国する事を命ぜられしより、バルチモアにて論文を提出して学位を得、直ちに調査旅行に出発した。エール大学の農芸化学教授ジヨンソン氏の如きは、最も多く調査上の便宜を与へられたのであつた、又華聖頓政府の好意により、西部諸州にある国有土地の処分法や農産製造等に関する調査を、停りなく了終して、恙なく帰郷せるは十九年七八月の交であつた、恰も宮部、渡瀬の両氏が北海道庁より留学を命ぜられ、出発の際であつた。札幌に来り岩村長官に面会して

「何より御報告致しませう」

「ウム農事教育の事から聞かう」

そこで視察した農事教育の実況より始めて、農産、水産、土地其の他拓殖に関する事を口頭を以て報告し朝より午後に及んだのであつた。

其の調査の結果は書面を以て出し、岩村氏が諸般の改革を行ふ為上京せらるゝ事となり、余も随行を命ぜられて上京した、斯くして東京に北海道庁出張所を設け、改革調査をなし十九年末に之れを結了した。此の際岩村長官は総大将にて、慰労の宴をさる処に開いたが、幕僚中には豪傑揃ひなりし為め二次三次に亘る盛宴があつたのである、併し余は最後の宴には、重囲を脱して三里の長堤を夜風に吹かれ宿に帰つた時は、心窃かに勝利者の誇りを感じた、其の夜内閣より辞令あつて札幌農学校教授に任命せられたのであつた、時恰も明治十九年十二月廿八日の事である。』

「マー此の位にして置きませう、少し長過ぎましたが」

莞爾とせられて学長は言葉を措かれた。

「イ、エ何う致しまして、有り難う御座いました」

斯くて僕は学長の許を辞し、出づれば最早電燈の光淡く、北国の二月の空は又しても雪を下して居た。


（S生記）

（『文武会会報』第六五号、一九一二年四月）

第三部　米国通信

佐藤昌介

一、一八八二年一〇月四日付『大東日報』第一五四号

米国通信

左の通信は米国紐育州和蘭耳郡マウンテンウヱクホートンに在留する社友某氏より去八月廿七日附にて贈致、一昨日本社に達せしものに係る。因て斯に登録す。但し同地より陸続通信の事は兼て契約し置きたれば得るに従て本欄内に登載を怠たらざる可し。又氏は在本邦の日既に或る校にて学位まで得られたる人なれば其紀事も自ら確実なる可しと信す。

編者識

寸楮拝呈候。東京羈寓中は両回書面拝呈仕候筈御覧に入候事と確信罷在候。小生義も客月十四日英船アラビツク号に乗船横浜出発、航海至て穏にて別条無御坐、十六日振にて桑港に到着、両三日滞港の上紐育府へ向け発車、一日華頓府に滞留、紐育府へ到着は本月十二日。尚ほ紐育府に両三日滞在の上当地へ罷越申候。米国の旅行も開明の今日と成りては昔日の如く珍敷無御坐候へば日記もあれども略して進呈不仕候。唯聊か御参考にならんと小生の脳裏に感覚を生せるものを略叙せんに、先つ第一に米国旅行を為すに緊要なるは通貨交換の一条なり。船賃は洋銀にあらざれば受け取らず。故に出発前に我通用紙幣をメキシコ銀貨に交換す

るを要す。然るに洋銀の相場は毎日高低あるを以て紙幣の準備ある上は相場の低き方に向きたる節に買置候方都合よし。小生の出発する節は我通用紙幣一円五十七銭を以て洋銀壱弗をかひたり。洋銀は正貨少なく横浜銀行の弗手形或は上海或は東洋銀行の弗手形なり。小生通貨交換の節に到り殊に感覚を生せるは我紙幣の下落是れなり。百五十七円を以て僅かに百弗を買は我銀に価なく彼銀に価あるによりて斯く高低あるかと云ふに決して左なく、単に我紙幣は不換紙幣なるに由りてなり。不換紙幣の価なく当に人民の困苦を招く、推して知る可きなり。併し小生出発の頃は茶の米国に輸出する時にて米国が我邦に送金のある時節故に紙幣の価よき時節なりと云ふ。冬分に到り主客異なり、彼より送金なく我より輸出入の不平均を補ふ為に出金ある時節なれば弗の高き決して五十七銭に止まらず、洋行者には損耗なり。我貿易銀は横浜銀行にては一弗に受取れども、桑港にては一弗に受取らず九十三四セントなり。故に貿易銀も悉皆弗に交換して持参する方はよきなり。併し又桑港にてはメキシコ銀も通用せす。故に舩賃を払ふたる上は舩中雑費及び桑港の雑費は再び米貨に交換せざる可らず、実に錯雑なるものなり。米貨は又弗より高し。我か交換せるときは弗九十二銭の米貨を買ふたり。即ちメキシコ弗より低きこと八朱なり。是に於て益我通用紙幣の下落を見る。我一円七十銭の紙幣を以て漸く米貨一弗を買ふなり。実際に入り比較する時は我通幣の価なきに歎息せざるを得ず。実に理財を挽回し交換紙幣の位置に直すは今日の急務に非ずして何ぞや。弗は東京或は横浜両替屋にて交換するを得可し。又紐育まで為替を組むときは正金銀行或は日本商会に託せば可なり。然るときは初めにせずとも時相場にて為替をなすを得るなり。（未完）

二、一八八二年一〇月六日付『大東日報』第一五六号

米国通信

○八月廿七日米国発　（前号の続）

荷物のカバン或はトランクは強き上にも強きを要す。日本製のトランクは当時の製造随分強きが如きも、船中及鉄道にては実に烈しく取扱ふを以て釘抜け鉄片は破れ荷物の中より出づる如き不体裁を醸すことあり。

舩は米国会社及び英国会社の両社あり。日本より来るときは英舩に乗るを以て便とす。如何となれば英舩は北海を乗り航海短きこと凡そ一週間も短し。併し船中常に寒中の如し。小生七月炎天の節なれども舩中は深霧咫尺を弁せざることあり。常に冬服外胴を用ひ桑港着一両

日前より漸く夏の如くに相成申候。

舩客は上下の二等あり。上等は桑港まで二百五十弗、頗ぶる不廉なり。併し取扱ひより食事まで実に美なり。下等に両級あり。欧羅巴下等、支那下等是なり。一は八十五弗、一は五十弗なり。八十五弗を出すときは寝床もあり部屋もあり、食事も欧羅巴人の食するものを出す可なりの取扱なり。五十弗は実に甚し。取扱ひ牛馬の如し。蓋し支那移住民の乗るものなればなり。朝晩は飯を出し、昼は粥汁なり。全体舩中、支那人を扱ふ人間を以てせざるか如し。惨刻極まるものなり。一航海に両三人は必す死すと云ふ。蓋し航海の難には辛防強き支那人も堪えざるものと見ゆるなり。幸に我等の脇には死せし者なし。併し支那人の移住は八月後には出来ぬ条約を清米両国間に結びたる為め、我航海の時は最後の航海にて移住人千八百人も乗込み、殊に麻疹流行の地方より来りしことなれば検疫の如きもの時々ありて、其度毎に清客を扱ふこと実に牛馬に劣れり。我同胞人民として目視するに忍びず。上陸後到る処然り。殊に下等社会の者に尤も劇し。これ安直の労力を以て彼等を圧するによるなり。移住禁制の条約の如きは当国にても公平無私の論客には随分其不正なるを鳴らす者あり。是当然のことなり。当時支那人は十万人も移住せり。併し多くは他年金を得ば本国に帰るものなり。過般支那人の帰国せし者二千人ありしが内に英字を読み得る者唯壱人ありと。朦昧下等の支那人なれば蔑視せらるゝも無理ならず、ユタ、ウヱヲメ、子バタ等の広漠たる諸州に小屋掛けをなし、賤業を営み、辛労に堪えるは賞す可くも又卑むべく、実に言語に絶せり。到る処支那人を呼て「ジヨン」と云ふ。恰も米人を蔑視して「ヤンケー」と云ふが如し。時々我等を視て「ジヨン」と呼ぶものあり。立腹に堪えずして我は日本人なりと云ふときは大に誤入る。可笑。

三、一八八二年一〇月七日付『大東日報』第一五七号

米国通信

○八月廿七日米国発 （前号の続）

舩桑港に入り埠頭に横着きする時は宿引抔来りて甚たウルサシ。併し入舩のときは何時も我領事柳谷謙太郎君が舩まで来らるを以て、万事領事に依頼すれは甚た信切に万端世話さるゝを以て、初めての旅客にても安全且外邦にて失策するの患なし。荷物は税関吏埠頭に居て一々検査するものなり。

桑港は西方の紐育と呼ふ程ありて随分繁華なり。併し欧羅巴及び東方の都府より来る旅人に

は田舎たるを免れずと云ふ。

桑港より紐育地方に到るには鉄道上中下の三等あり。上等は彼是弐百弗位を要す。中等は車賃百五弗、外に食事弐十弗位を要す。上中両等「エキスプレス」と為すなり。下等を「エミグラント」車と呼ふ。紐育迄六十五弗、外に食事は自分にて為す者なり。急き旅ならずは下等にてよし。上等に乗れは寝車を備ふ。中等は椅子に倚て七日七夜を旅す。随分ツラシ。若し上等を取る能はざるときは下等の方、寧ろ中等よりよからん。如何となれば寝床ありて自由も出来、且時々停車場へ寄るを以て休息も出来、尤も桑港より二千英里「子ブラスカ」州の「ヲマハ」までは中央大平鉄道社、合衆大平鉄道社の両会社にて建築せる一線路なれども、巳東紐育までは幾線もありて上中下の差別なし。下等の切符を以て上等に乗るなり。旅客若し米国東部の繁栄なる都会を経過せんとせば「ヲハヨ」鉄道会社の切符を桑港にて取る可し。風景の美なるを賞し「ナイヤガル」滝抔を見んと欲せは紐育中央鉄道会社の切符を買ひ求む可し。蓋し数箇の会社ありて各々競争を為す為め「ヲマハ」巳東は取扱もよく車も早し。自分の好む所に拠て桑港領事に依頼せば世話さるゝなり。外邦に来りて領事館の懇切なる保護を受け、明治政府の保護の厚きに感ずる也。右は旅中の心得になることゝ存し御報道申上候。紐育府景況等は他日に譲る。御地及び日本の形勢御報道を乞ふ。時下御自愛是祈る。（終）

解説

逸見勝亮

『大東日報』に寄せた「米国通信」は、佐藤昌介が公にした最初の文章である。『大東日報』は、一八八二年四月四日民権派新聞に対抗すべく政府の補助のもとに大阪で創刊された立憲帝政党の機関紙で、原敬が初代主筆を務めた。一八八三年の発行部数は約八〇〇〇であった。(1)原敬と佐藤昌介とは藩校作人館以来の「竹馬の友」であった。(2)

拙論「札幌農学校の再編・昇格と佐藤昌介」(3)執筆時には、未見であった『大東日報』登載「米国通信」全文を翻刻して紹介し、あわせて若干の解説を試みる。なお、管見の限り、「米国通信」を立ち入って論じたものは見当たらない。

一　アメリカ合衆国留学に関する佐藤昌介の回想

開拓使学務局督学課兼理事課に勤務していた佐藤昌介は、一八八二年二月八日の開拓使廃止に伴い、翌二月九日付で開拓使残務取扱所に配され、三月八日には農商務省御用係となった。六月二一日に農商務省御用係を辞し、七月一四日に自費でアメリカ合衆国目指して横浜港を発った。(4)

管見の限り、佐藤昌介の渡米時の回想記録は三編残っている。

ひとつは、「竹馬の友」、「五十幾年の会心の友」、「北海道大学の為めにも終始尽力された厚意は深く感謝する」と、暗殺された原敬の死を悼む佐藤昌介の談話（一九二一年一一月六日付『小樽新聞』）である。『小樽新聞』は、佐藤昌介の言を次のように伝えている。

〔明治〕十五年には僕が渡米する事となりその際東京にて会見した処当時報知の記者だつたと思ふが之から大阪に行つて大東日報を主宰する事になつたから米国通信をして呉れと云ふので承知の約束をして行つた（と云つて総長は当年のスクラップブックを取り出し原記者の編輯せる二十二字詰の通信文を見せられた）(5)

『大東日報』に「米国通信」を寄稿した事情は、渡米した一八八二年当時、『郵便報知新聞』記者であった原敬から、「米国通信をして呉れ」と「依頼」されたというものである。「当年のスクラップブック」にあった「原記者の編輯せる二十二字詰の通信文」とは、『大東日報』に掲載した「米国通信」記事の切抜きである。(6)左に掲げた「米国通信」冒頭から、同

米國通信

左の通信は米國《べいこく》紐育州《にうよくしう》和蘭耳郷マンウアンウエクホートンに在留する社友某氏より去八月廿七日附にて贈致《ぞうち》一昨日本社に達せしものに係《かゝ》る因て斯に登録す但し同地より陸續通信《りくぞくつうしん》の事は兼て契約《けいやく》し置きたれば得るに從て本欄内に登載《とうさい》を怠たらざる可し又氏は在本邦の日既に或る校にて學位まて得られたる人なれば其紀事も自ら確實《くわくじつ》なる可しと信す　編者識

寸楮拜呈候東京羈寓《きぐう》中は両回書面拜呈仕候筈御覧に入候事と確信《くわくしん》罷在候小生義も客月十四日英船アラビック号に乗船《じようせん》横濵出發航海至て穏《おだやか》にて別條無御坐十六日振《ぶり》にて桑港に到着爾三日滞港《たいかう》の上紐育府へ向け發車一日華頓府に滞留紐育府へ到着は本月十二日尚ほ紐育府に両三日滞在の上當地へ罷越申候米國の旅行《りよかう》も開明の今日と成りては昔日の如

「米国通信」の冒頭

記事が二二字詰であると確認できる。

ふたつは、『北海タイムス』(一九二一年一一月七日付)も「十五年に僕が米国に赴き其時原君と東京にて会見したが原君は之から大坂に行き大東日報を主宰することゝなれる故通信をして呉れと願はれ約束をした(博士は当時の通信を示しつゝ語る)」と報じた。(7)

さらにひとつは、一九二八年八月二〇日付『報知新聞』に著した「洋行閑談」である。

その昔札幌農学校を卒業して同校に勤務してゐた青年時代の私は、クラーク先生の『ボーイズ・ビ・アンビシヤス』が、よほどよくしみ込こんだと見えて覇気満々たるものがありました、学問慾に燃えて、当時の黒田長官に欧米留学を迫つたが容れられず、癪にさはつたのでそのまゝ辞表をたゝきつけて自費留学を企てた、けれどアメリカ行の金がまとまらない

何とかしてと考えて、役人をやめたときの勉励賞与金を基礎としてやりくり算段の結果、漸く工面してアメリカへやつとの思ひで渡つた、当時日本の一二の新聞に依頼されたので、ヨーロツパ旅行記とかアメリカの政治問題などを通信し、その報酬は郷里に残した家内の生活費にあてゝゐました(8)

この記事の要点は、①黒田清隆開拓長官が留学を認めなかったので、職を辞して自費留学を企てた、②依頼された「一二の新聞」に寄稿して得た報酬を家族の生活に充てた、ということになろう。原敬の名はない。もっとも、この記事に従えば、佐藤昌介が黒田清隆に「辞表をたゝきつけ」たのは、開拓使が廃された一八八二年二月までのこととなる。「一二の新聞」のひとつはいうまでもなく『大東日報』である。佐藤昌彦(佐藤昌介五男)は、「東京に残した妻子(私の母と長姉千代子)の生活費は、東京で発行して居た明治日報という新聞に米国の経済政治等について通信を送って得た」と述べており、もうひとつは『明治日報』で

ある。(9)

他方、佐藤昌彦は、佐藤昌介のアメリカ合衆国留学経緯を次のように記している。まず、「最初の留学希望申請」である。

新しい農業法と共に北海道に適当な農業経営法が建設されなければならないと考えた。此の様に考えて来た父は、結局米国に留学して実地について学ばなければならないと決心したのであった。此の決心に基いて、米国留学の件を開拓使の当局に陳情したのであったが之は容る所とならなかった。(10)

開拓使に留学を陳情した時期は、ここには明記されていないが、当然、一八八二年二月までのこととなる。次に職を辞すくだりである。

北海道の開拓に一身を捧げるという積極的な考えに強く動かされた父は、二年間の勤務の後に辞表を提出して官を辞した。米国留学の希望が容れられなかったからである。……〔旅費は〕官を辞した時の勉励賞与金を基礎として漸く工面した。無論不充分であったから船は三等、汽車は移住民列車に乗じあらゆる苦心をしてニューヨークに到着したのであった。此の不足な渡米費を助ける為と更に十四年七月結婚して東京に残してある妻ヤウ(私の母)の生活の為に、盛岡時代からの友人原敬と約して原が主宰して居た大東日報に米国通信を送って稿料を得たのであった[11]。

佐藤昌彦は、「米国通信」の切抜き、あるいは佐藤昌介の直話に基づいて著したはずである。『佐藤昌介とその時代』の記述は「洋行閑談」の「異曲」ではあるが、「船は三等、汽車は移住民列車」と述べていて興味深い。「米国通信」寄稿事情は、「盛岡時代からの友人原敬と約して」とのみある。

これらの三点は、いずれもアメリカ合衆国留学は自費とある。そして、「洋行閑談」中の「当時の黒田長官に欧米留学を迫つたが容れられず、癪にさはつたのでそのまゝ辞表をたゝきつけて自費留学を企てた」との箇所については、経緯に多少の説明がいる。

二　札幌農学校における佐藤昌介欧米留学構想

（一）札幌農学校における佐藤昌介評

調所広丈開拓大書記官・札幌農学校長は、後述する一八八〇年一一月一九日の荒川重秀・佐藤昌介米国留学申請の際に「農学卒業生海外留学ノ義ニ付テハ嘗テ函館表御滞在中奉伺」

と記している。黒田清隆開拓長官が一八八〇年一月二一〜二七日の間函館に滞在した折に、同年七月卒業予定の生徒の海外留学を願い出ていた。したがって、一八八〇年一月に札幌農学校が留学させようとした「農学卒業生」に荒川重秀・佐藤昌介が含まれていたと考えてよい。調所広丈は、続けて「其節留学ハ御差許不相成旨御下命ノ趣モ有之(12)」と記している。黒田清隆は調所広丈の申請を認めなかった。

代弁教頭ペンハローは、一八八〇年一月二六日、調所広丈宛に「現今四年生ニシテ其卒業ノ后高尚ノ学科ヲ修メシムルヲ適当ト各職員ノ認識スル学徒」に、佐藤昌介・荒川重秀・小野兼基を推薦した。彼等に「適応之学科」、すなわち留学先で学ぶべき「高尚ノ学科」として、佐藤昌介には数学・土木学科、荒川重秀には農学・本草学科、小野兼基には化学・地質学科を挙げた。ペンハローは佐藤昌介について以下のように述べている。

……佐藤子ハ身体虚弱ノ為メニ全科ヲ卒フル迄修行シ得ルヤヲ保ツ能ハザルナリ然レトモ風土ノ変換ハ必スヤ同子ノ為メニ宜シカラン将又誰カ責ヲ負フベキシ《ママ》人ニ同子ノ衛生ヲ委ネ而シテ古来日本ノ風トシテ(自カラ秀逸ナランヲ欲シ実ニ賞讃ニ堪ヘザル勉強ハ)外国留学生中ニ尤普通ナル摂生ニ背ケル過度ノ勉強ヲ遏止セバ同子ハ其失フ所アルヨリハ寧ロ遙ニ得ル所アルコト余カ確ク信スル所ナリ(13)

ペンハローは「閣下口頭御依頼之旨ニ拠リ」と記しており、校長の意を受けたうえでの推薦である。佐藤昌介の健康上の問題を証する史料は他に見当たらない。札幌農学校長や外国人教師が佐藤昌介を高く評価し、佐藤昌介の留学が在学中に既に俎上にのぼっていたことは興味深い。自校出身者を教授とするために、留学させるとの札幌農学校の意図である。むろん佐藤昌介の意志に多言を要しない。

この推薦と、調所広丈が行った函館滞在中の黒田清隆への伺いとの関連を確かめる術はない。

一八八〇年六月一六日、外国人教師ブルックスは、佐藤昌介を黒岩四方之進とともに卒業後は校園係に採用し、佐藤昌介を「取扱人ノ長」すなわち農場雇い人管理責任者に任ずるよう調所広丈に意見を述べた。彼は「予テ口頭御協議致置候儀モ有之ニ付余カ佐藤氏ヲ要スル理由ハ閣下多分御熟知可有之候」と、佐藤昌介の評価は既に説明済みだとも記している。(14)

卒業間際の一八八〇年六月二五日に、教頭心得ペンハローが調所の求めに応じて一三人の「本年農校ノ卒業生ノ特殊伎倆」を報告した。そのなかから佐藤昌介に関する記述を引こう。

佐藤昌介氏ハ生徒トシテ特殊ノ良伎倆アリテ実地ノ伎倆ニ於テハ少シク欠クル所アリト雖トモ勉強力ニ抽ンスル事確実ナルヲ思想セハ尚其学術ヲ研究玩味シ之ヲ養成スル位置

ニアラシメハ良ク其用ヲ辨スヘシ故ニ冀クハ農校ニ於ル農業掛ノ後任タラシメ而テ北海道ノ農益ヲ裨補セン事計画スル頭取タラシメハ本使ヲ補翼スル貴重ノ官員トナルヘシ[15]

研鑽を積み指導的立場に配置すれば、力量を発揮するだろうから、札幌農学校「農業掛」とした後には、北海道農業の発展を「計画スル頭取」として開拓使の重要な一員となるという期待である。佐藤昌介に対する評は、他の第一期生、例えば「土木ノ業ニ関予セシメハ貴重ノ人トナルヘシ」(荒川重秀)、「予科生徒ニ数学ヲ教授セシメラレンヲ謹テ勧奨ス」(黒岩四方之進)といった評とは明らかに異なっていた。

㈡　佐藤昌介の留学希望と札幌農学校・開拓使の対応

一八八〇年七月一〇日、佐藤昌介は札幌農学校を卒業し、黒岩四方之進とともに開拓使御用係・札幌農学校校園係に任ぜられ、同年一〇月には開拓使学務局督学課兼理事課に配された[16]。

一八八〇年一一月一七日、佐藤昌介は荒川重秀(開拓使民事局勧業課御用係)と連名で、上申書を調所広丈開拓大書記官・札幌農学校長宛に提出した。上申書には、農学校を卒業したが「学浅才拙」で開拓使の期待と「公衆ノ岐望」に応えられないし、理論を学んだが「実行」を見ていないと「北米聯邦ノ天ヲ望ムノ念心」を訴えた[17]。

ふたりが述べた留学目的は次のようであった。

農業ニ関セル百般ノ事業深ク其実際ヲ視察シ自ラ之ニ当リ経験考究事理ノ探知スヘキハ之ヲ農学博士ニ質シ併セテ西南諸州目今開拓ノ実況耕地ノ配置民口移植ノ方法政務及ヒ村落ノ設置ニ至ルヤ尽凡ソ耳目ノ及フ所ハ之ヲ聞見シ他日帰朝全道ノ開拓ニ於テ大ニ裨益スル所アラン[18]

また、「深ク留学生派遣ノ美挙アラセラル、ヲ期望セシニ既ニ臣等農黌卒業已来殆ント半歳ヲ閲シ未タ嘗テ其議アラセラルヲ聞カス[19]」と、留学生派遣が具体化しないことへの憤懣を隠していない。佐藤昌介・荒川重秀は前述した一八八〇年一月二六日付ペンハロー意見書に、ふたりの名前があることを知っていた可能性がある。

調所広丈は、一八八〇年一一月一九日、「本人共ノ志望凱切ナル次第ニ付特別ノ御詮議」をと、上申書を早速黒田清隆に取り次いだ。一度は否定された案件であったからであろう、調所広丈は、「方今ノ御場合ニ付閣下ノ尊慮果シテ如何トハ恐察候得共斯ク折角ノ積志難黙止[20]」と、及び腰である。

黒田清隆は出願の趣旨はもっともだが、海外留学によって「学業頓ニ進歩セルモノニも無之」、財政事情からも官費留学生は「差止メ」られていると認めなかった[21]。佐藤昌介が「当時の黒田長官に欧米留学を迫ったが容れられ」なかったと記した所以である。

三　佐藤昌介「米国通信」

（一）「米国通信」は無署名記事

「米国通信」は『大東日報』に以下のように三回にわたって掲載された。

（1）第一回　第一五四号、一八八二年一〇月四日、三面
（2）第二回　第一五六号、一八八二年一〇月六日、三面
（3）第三回　第一五七号、一八八二年一〇月七日、三面[22]

第一回「米国通信」には、「編者識」とリードを付してある。「編者」は原敬、「社友某氏」は佐藤昌介である。「陸続通信の事は兼て契約し置きたれば得るに従て本欄内に登載を怠たらざる可し」とあるからには、以後も寄稿があるはずであった。「兼て契約」との記述は、佐藤昌介の回想と一致している。寄稿者は「或る校にて学位まで得られたる人なれば其紀事

も自ら確実なる可しと信す」とのみ記した。寄稿者の氏名・身分を明かさなかったのは、『大東日報』が綱領に欽定憲法制定・天皇主権を掲げた立憲帝政党機関紙であったことと無関係ではない。「大東日報創立ノ概旨」(『大東日報』創刊号、一八八二年四月四日)は「我邦ニ在テ天子主権ヲ掌握スベキノ定分ハ天下ノ人心ヲ統一スルモノニシテ君臣ノ大義因テ以存スル所ナリ」と天皇主権を高唱し、一方で民権派を批判してやまない。

……主権ハ天子ニ存在セズト唱ヘ動モスレバ名ヲ自由民権ニ籍リ放恣ノ言論以テ自ラ快クスルモノ、如シ今ニシテ其気焔ヲ消滅シ其風潮ヲ制止セズンバ禍害ノ及ブ所実ニ測ルベカラザルモノアラン吾輩之ヲ憂ヘ茲ニ我新聞紙ヲ発兌シ天下ノ定分大義ヲ明ニシ以テ世運人心ヲシテ邪僻偏険ニ陥ルヿナカラシメント欲ス我社創立ノ主旨此ニ在ルノミ(23)

「米国通信」寄稿者を匿名にしたのは、佐藤昌介を民権派・国権派の対立に巻き込むまいとする原敬の配慮である。佐藤昌介の憲法制定・自由民権運動に対する立場をつまびらかにはできない。とはいえ、佐藤昌介は、立憲帝政党の、したがって『大東日報』の政治的立場のいかなるものかを、「之から大阪に行つて大東日報を主宰する事になつた」原敬から聴いて承知していたと考えるのは自然である。そして、佐藤昌介もまた政党機関紙であるが故に氏名記載を避けたのである。

(二)「米国通信」の概要

(1) 第一回「米国通信」は、アメリカ合衆国への渡航に際して、切実な問題であった通貨交換に大部分を費やしているが、冒頭一〇行からは従来は不明であった旅行日程を知ることができる。

①一八八二年七月一四日　横浜港を英国船籍アラビック号にて出発
②同年七月三一日　サンフランシスコ到着
③同年八月一日ないし二日　サンフランシスコ出発
④同年八月一二日　ワシントンに一日滞在してニューヨーク到着
⑤同年八月一五日　ニューヨーク州マウンテンビルのホートン農場到着

また、「日記もあれども略して進呈不仕候唯聊か御参考にならんと小生の脳裏に感覚を生せるものを略叙せん」と記しており、佐藤昌介が日記をつけていたことは明らかである。[24]

なお、横浜発行の英字新聞'The Japan Weekly Mail'によれば、アラビック号は中国・日本産の茶と生糸を欧米に運ぶ二七八八トンの貨客船で、乗客名にはサンフランシスコへ向かう乗客としてS. SatoとS. Arakawaとあった。佐藤昌介は、荒川重秀と同行していた。[25]

(2) 第二回「米国通信」は、佐藤昌彦『佐藤昌介とその時代』が「船は三等、汽車は移住民列車に乗じあらゆる苦心をしてニューヨークに到着した」[26]と記している等級別船室料金を記載している。また、同書には言及がない中国人移民に関する佐藤昌介の視点を確認できる。

①等級別船室料金は、上等・下等があり上等は二五〇ドルである。下等にはヨーロッパ下等と「支那」下等があり、それぞれ八五ドルと五〇ドルである。『佐藤昌介とその時代』の「船は三等」という記述によれば、佐藤昌介は「支那」下等を利用したことになる。しかし、'The Japan Weekly Mail' には、佐藤昌介は cabin（1等）二等船室）を利用しているとあった。一方、steerage（三等船室）には八人のヨーロッパ人と一一八一人の中国人が乗船していたとある[27]。佐藤昌介は、中国人「移住人千八百」人と記している。

佐藤昌介が利用したのは、三等船室ではなかったのではないか。

②中国人移民の「取扱ひ牛馬の如し」、「全体船中支那人を扱ふ人間を以てせざるか如し惨刻極まるもの」、「〔検疫の〕度毎に清客を扱ふこと実に牛馬に劣れり我同胞人民として目視するに忍びず」と、中国人移民に対する取り扱いに憤りとアジア人としての屈辱感を顕わにしている。「上陸後到る処然り」とも記しており、旅行中は常に中国人移民に対する侮蔑を目の当たりにしていた[28]。

③しかし、佐藤昌介は「朦昧下等の支那人なれば蔑視せらるゝも無理ならず」と中国人移

民とは異なる自分の位置を確認するのを忘れていない。中国人とみなされた時には、「立腹に堪えずして我は日本人なりと云ふときは大に誤入る可笑」とも記している。佐藤昌介は充分に英語で応ずることができた。服装は洋装であったはずである。

（3）　第三回「米国通信」では、「移住民列車」のことが多少判明する。

①サンフランシスコからニューヨークまでの鉄道運賃は、上等(寝台列車)が食事代を含んで約二〇〇ドル、中等は一〇五ドル(他に食事代約二〇ドル)、下等は六五ドルである。

②下等が「エミグラント」すなわち「移住民列車」である。食事は客が自分で調達した。佐藤昌介は、下等は寝床があり「時々停車場に寄るを以て休息も出来」るので、上等を取ることができず、急ぐのでなければ椅子に七昼夜座り続ける中等よりも楽だと述べている。もちろん、経済的事情で下等を選ばざるを得なかったのである。

第二回「米国通信」に「ユタ、ウエヲメ〔ワイオミング〕、子バタ〔ネバダ〕等の広漠たる諸州に小屋掛けをなし賤業を営み辛労に堪えるは賞す可くも又卑むべく実に言語に絶せり」と記しているのも、鉄道による移動中の見聞である。

ここには、『佐藤昌介とその時代』が記している「あらゆる苦心」を窺わせる記述を見いだせない。

「米国通信」から、『佐藤昌介とその時代』がごく簡単にしか述べていない旅程を確認した。さらに、従来は触れられることがなかった中国人移民を見つめ、我が身の優位を確かめている若き農学者の姿を想像できる。

『大東日報』に寄稿して得た原稿料は不明である。佐藤昌介は一八八二年八月二七日以降も「米国通信」を送り続けたであろう。一方、原敬は一八八二年一〇月三一日には『大東日報』主筆を辞して帰京し、外務省御用係に転じた。佐藤昌介が『明治日報』に「米国通信」を寄稿することになった事情は、今は不詳である。

むすびに代えて――佐藤昌介の農商務省御用係任用

西郷従道農商務卿は、一八八三年八月一七日、太政大臣三条実美宛に次のような伺いを発した。

米国自費游学生採用ノ上直ニ在留ノ儀伺

米国自費游学山形県平民佐藤昌介幷札幌県士族荒川重秀義ハ旧開拓使札幌農学校ニ於テ卒業ノ上同使ニ奉職引続キ当省ヘ採用致居候処孰レモ非常篤志ノ者ニシテ此上実地ニ就

キ農学ノ蘊奥ヲ極メ度素志ヲ以テ昨夏中辞職ノ上自費ヲ以米国ヘ游学爾後勉励苦学将来有望ノ人物ニ有之且紐育高橋領事ヨリ事情申立ノ次第モ有之此際当省御用掛ニ採用致シ北海道拓地殖民上有益ノ事項調査報告ノ為メ大凡二ケ年ヲ期シ直ニ同国ヘ在留為致度尤モ一人壱ケ年正貨六百弗宛手当トシテ支給ノ見込滞在日当諸賄料等ハ総テ給セスニ付本年度ハ北海道事業管理局経費内ヲ以流用時価交換支辨シ爾後ノ分ハ其年々予算ニ編入候様致度候条至急允裁相成度此段相伺候也[29]

ニューヨーク領事館領事高橋新吉からの「事情申立」を受け、辞職して渡米した佐藤昌介・荒川重秀を農商務省御用係に任じ、「北海道拓地殖民上有益ノ事項調査報告ノ為」引き続きアメリカ合衆国に留学させる措置を求めるという趣旨である。

一八八三年一二月八日、「伺之趣聞届候」と太政大臣の許可が降りた[30]。一二月一七日、農商務省北海道事業管理局は両名の採用・米国在留を決定し、一二月二〇日には「判任ニ準ずる旨辞令を発した。

同時に、概略以下のような「滞留中心得方命令書」を送付した。

①年限は二年とし、帰朝後は札幌農学校に奉職しなければならない。

②農学上須要の事項を調査すること。

③米国農業の実況を調査し、北海道開拓殖民上有益な方法を具申すること。
④農工商業の景況、参考とすべき事項を「時々詳細報告」すること。[31]
一八八五年七月二七日、農商務省北海道事業管理局は、一八八六年一月に留学期限は満期となるが、ペンハローから調査時間の不足につき六カ月延長方連絡があり、佐藤昌介からもジョンズ・ホプキンス大学における Ph.D. 取得試験には、是非出席したい旨懇願があったとして、六カ月延長することにした。[32]
一八八六年三月、農商務省北海道事業管理局は内閣が直轄する北海道庁に再編となり、佐藤昌介は北海道庁属となった。[33]
Ph.D. を取得した佐藤昌介は、一八八六年八月一九日に帰国した。一一月、先の命令書に従って「札幌農学校ノ組織改正ノ意見」[34]を北海道庁長官へ提出した。一二月二八日、佐藤昌介は札幌農学校教授に就いた。一八八〇年に「卒業後高尚の学科を修めしむる者」に名前が挙がってから、六年半を経て佐藤昌介のアメリカ合衆国留学がようやく達成をみたのである。
帰国して五年近く経た一八九一年一月、佐藤昌介は札幌農学校で「殖民史」を講じた。日本における植民学に関する講義の嚆矢である。[35]

（1）「大東日報」（『国史大辞典』第八巻、吉川弘文館、一九八七年、八一〇頁）。執筆は北根豊。
（2）佐藤昌介と原敬との交流については、本書第四部「札幌農学校の再編・昇格と佐藤昌介」も参照されたい。
（3）『北海道大学大学文書館年報』第二号（二〇〇七年三月、二九―四八頁）。
（4）「退職者履歴資料一　2　明治　～二九」（北海道大学大学文書館所蔵）、「米国通信」（『大東日報』第一五四号、一八八二年一〇月四日付）。
（5）一九二二年一一月六日付『小樽新聞』（「佐藤昌介旧蔵新聞スクラップブック」北海道大学大学文書館所蔵）。切抜記事には日付の記載がない。日付は『小樽新聞』（マイクロフィルム版、北海道大学附属図書館所蔵）によった。佐藤昌介は、自身が著した雑誌論文・随想・新聞記事、あるいは北海道帝国大学に関する新聞記事などを、丹念にスクラップブック、商品カタログに糊付けして保存していた。「佐藤昌介旧蔵新聞スクラップブック」四冊は、二〇〇七年七月二七日、他の資料とともに佐藤カツミ氏から寄贈された。佐藤カツミ氏は佐藤昌彦（佐藤昌介五男）夫人。二〇〇七年八月二七日に逝去された。受贈経緯は、「大学文書館で、佐藤昌介・佐藤昌彦関係資料を受贈」（『北大時報』第六四一号、二〇〇七年八月）も参照されたい。
（6）北海道大学大学文書館が収蔵している「佐藤昌介旧蔵新聞スクラップブック」には、記者が見たという「米国通信」は含まれていない。失われた事情は不詳。
（7）『北海タイムス』（マイクロフィルム版、北海道大学附属図書館所蔵）によった。
（8）「洋行閑談」、一九二八年八月二〇日付『報知新聞』（「佐藤昌介旧蔵スクラップブック」所収）。
（9）佐藤昌彦『佐藤昌介とその時代』本書、六七頁。佐藤昌介の直話によるものか。掲載記事の切抜きがあったはずである。『明治日報』掲載記事については後日を期したい。

(10)『佐藤昌介とその時代』本書、六〇―六一頁。
(11) 同前、本書、六三―六四頁。
(12) 一八八〇年一一月一九日付開拓長官黒田清隆宛調所広丈伺(「荒川重秀他一名留学の儀伺」、北海道大学編『北大百年史　札幌農学校史料(一)』ぎょうせい、一九八一年、五二九頁)。
(13) 一八八〇年一月二六日付開拓大書記官調所広丈宛D・P・ペンハロー意見書(「卒業後高尚の学科を修めしむる者推薦の件」、同前、四七一頁)。
(14) 一八八〇年六月一六日付開拓大書記官調所広丈宛W・P・ブルックス意見書(「佐藤昌介黒岩四方之進校園係に採用の意見」、同前、四九三頁)。佐藤昌介と黒岩四方之進の雇用を具申した。対照的に黒岩については縷々説明している。
(15) 一八八〇年六月二五日付開拓大書記官調所広丈宛D・P・ペンハロー意見書(「一期生各人の適性に付き意見」、同前、四九四―四九五頁)。
(16)「退職者履歴資料一　2　明治　～二九」、『札幌農学校第五年報』(一八八〇年、五一―五二頁)。
(17) 一八八〇年一一月一七日付調所広丈宛荒川重秀、佐藤昌介上申書(『北大百年史　札幌農学校史料(一)』五三〇頁)。
(18) 同前、五三一頁。
(19) 同前、五三〇頁。
(20) 一八八〇年一一月一九日付開拓長官黒田清隆宛調所広丈伺(「荒川重秀他一名留学の儀伺」、同前、五二九頁)。
(21) 一八八〇年一二月六日付調所広丈宛開拓長官黒田清隆返信(「農学士荒川重秀佐藤昌介留学不許可の件」、同前、五二九頁)。

(22)　『大東日報』(マイクロフィルム版、東京大学大学院法学政治学研究科附属近代日本法政史料センター〈明治新聞雑誌文庫〉所蔵)によった。
(23)　『大東日報』第一号、一八八二年四月四日付。立憲帝政党については、高木俊輔「立憲帝政党関係覚え書」(『歴史学研究』第三四四号、一九六九年一月)を参照した。
(24)　北海道大学大学文書館が所蔵している「佐藤昌介日記」は、一九〇七〜一二、三七年の七年分である。
(25)　'The Japan Weekly Mail' 一八八二年七月一五日付。同紙所載記事は、加藤克氏(北海道大学北方生物圏フィールド科学センター植物園)から提供を受けた。
　ところで、アラビック号には、工部大学校都督(教頭)の任をおえ、家族共々帰国するヘンリー・ダイアーが同乗していた('The Japan Weekly Mail' 一八八二年七月一五日付)。佐藤昌介は、ヘンリー・ダイアーと言葉を交わしたであろうか。あるいは、船室の等級が異なっており、接することなどあり得なかったであろうか。
(26)　『佐藤昌介とその時代』本書、六四頁。
(27)　'The Japan Weekly Mail' 一八八二年七月一五日付。
(28)　中国人移民の乗船料金は、サンフランシスコ上陸時に、中国人移民を雇い入れる組織が支払い、船賃は中国人移民の借金と化した。中国人移民については、リン・パン『華人の歴史』(みすず書房、一九九五年)を参照した。リン・パンは「クーリー〈苦力＝ここでは中国人移民下層労働者〉を運ぶ輸送船のおぞましさは、悪名高いミドル・パッセージ〈大西洋の奴隷船航路―原注〉のそれに匹敵するものだった」(同書、五四頁)と述べている。
(29)　一八八三年八月一七日付太政大臣三条実美宛農商務卿西郷従道伺「米国自費游学生採用ノ上直ニ在留ノ儀伺」(『北大百年史　札幌農学校史料(一)』六六四―六六五頁)。

(30)　同前、六六五頁。
(31)　同前、六六四頁。
(32)　一八八五年七月二七日付札幌農学校長森源三宛農商務省北海道事業管理局長代理鈴木大亮大書記官通知(「佐藤昌介荒川重秀両名の留学期間延期の儀通知」、同前、七六四頁)。
(33)　一八八六年三月二三日付内閣総理大臣宛北海道庁長官上申案「米国滞留農商務省御用掛両名採用之義上申」(北海道大学編『北大百年史　札幌農学校史料(二)』ぎょうせい、一九八一年、四頁)。札幌農学校は、荒川重秀・佐藤昌介に魚油・オートミール・コーンミール製造に関する調査を命じ、そのためにそれぞれに銀貨二〇〇円を支給するという趣旨である。北海道庁が許可したかどうかは不明。
(34)　佐藤昌介「米国農学校の景況及び札幌農学校組織改正の意見(佐藤昌介復命書草稿)」(同前、二五―四四頁)。
(35)　田中愼一「植民学の成立」(北海道大学編『北大百年史　通説』ぎょうせい、一九八二年、五八〇―六〇二頁)を参照されたい。

〔付記〕　新聞記事検索・収集は逸見勝亮・山本美穂子・井上高聡が、「米国通信」翻刻原稿は山本が、「解説」を逸見が担当した。本書収録に際して、「〈資料紹介〉佐藤昌介「米国通信」(『大東日報』)」(『北海道大学大学文書館年報』第三号、二〇〇八年三月)を大幅に加筆した。

第四部　札幌農学校の再編・昇格と佐藤昌介

逸見勝亮

はじめに

御雇外国人クラーク、宮部金吾、内村鑑三、新渡戸稲造、有島武郎などに比して佐藤昌介の名と事蹟が人口に膾炙しているとは言いがたい。旅行者がクラーク像の前で記念撮影することはあっても、佐藤昌介像の前でそうすることは稀である。

札幌農学校長、東北帝国大学農科大学長、北海道帝国大学総長として四〇年近く運営の重責を担った稀有の存在である佐藤昌介の事蹟に対する顕彰は、ブロンズ胸像の制作（一九三二年に中央講堂内に設置、一九四三年に金属供出を経て、一九五六年に再鋳造して中央講堂に設置し、一九五七年に事務局付近三叉路緑地に移設、一九六八年からは北海道大学本部事務局正面左側緑地に設置）が象徴している。胸像を一九三二年に構内中央通り南端、農学部校舎群の中心に位置していた中央講堂内に建立したのは、その時期に佐藤昌介が受けていた尊敬と評価の高さをよく示していた。現在の位置は、学生にはむろん教職員にも遥かに遠い。敗戦後胸像再建に際する設置場所選定・移設経緯は必ずしもつまびらかではないが、初代総長の顕彰と植民学者・農政学者、佐藤昌介の戦後的評価の双方にかかわっていたはずである。

敢えて植民学者・農政学者、佐藤昌介の戦後的評価にかかわっていたと述べたのは、管見の限り、農学部就中農業経済学分野の研究者が、始祖たる佐藤昌介の植民学に触れることはほとんどなかったからである。疎んじてきたと言っても過言ではない。「北大百年の諸問題」（『北大百年史　通説』）に「植民学の成立」を著したのは田中愼一（経済学部）であった。崎浦誠治（農学部農業経済学科）が著した「北海道農政と北大」では、タイトルにあるように対象を北海道に限定して、農政上選択される余地がなかった佐藤昌介の「大農論」に言及するにとどまった。

田中愼一「植民学の成立」は、通説は植民学の原型を京都あるいは東京帝国大学法科大学教授新渡戸稲造とするが、「官学アカデミズム植民学の起点」は東北帝国大学農科大学における「農政学殖民学」講座開設の前史、すなわち札幌農学校における「農政学及殖民策」（一八八七年校則、担当者は佐藤昌介）開設にあると述べる。高岡熊雄がつとに指摘し、高倉新一郎が「上原先生の学的業績」（上原轍三郎先生満八十才祝賀記念事業会編・発行『土地と人口　農学博士上原轍三郎論文集』一九六四年）でこのことを指摘していたが、「今日まで着目されることなく、両者の意図が大学制度史上の共通認識として定着していない現状において再強調の必要がある。そして、この前史、この成立過程の裡に、日本における社会科学研究の史的発達分野で、北大が有している学問的遺産の一つが忘れ去られたまま放置されて」いるという。[1]これは佐藤昌介の戦後的評価を剔った注目すべき指摘である。佐藤昌彦『佐藤昌介とその時代』(東京玄文社、一九四八年)、中島九郎『佐藤昌介』(川崎書店新社、一九五六年)の刊行[2]は、田中愼一が指摘したような「忘れ去られたまま放置され」ようとしている戦後的状況に対する遺族・後継者の静かな「異議」の表出でもあった。

『北大百年史　通説』は、佐藤昌介の閲歴とともに、「札幌農学校ノ組織改正ノ意見」(一八八六年)、「北海道殖民地ニ農学校ヲ必要トスルノ意見」(一八八九年)、「札幌農学校ニ特別会計法ヲ施行スルノ議」(一八九二年)、「農業教育ニ関スル卑見」(一八九四年)の諸献策と農商務大臣・文部大臣への対応、札幌農学校拡充策について相応の紙幅を割いている。そのうえで以下のように概括した。

佐藤昌介は札幌農学校第一期生、卒業後母校の職員となったが一八八二年(明治一五)に渡米し、ジョンス・ホプキンス大学に学んでドクター・オブ・フィロソフィーの学位を得、一八八六年(明治一九)に帰国した。同年札幌農学校教授となり、当時の農学校の縮小廃止論に抗して学校の再編拡大に奔走した。一八九一年校長心得、九四年(明治二七)校長となり、以後東北帝国大学農科大学長、北海道帝国大学総長を歴任して、四学部を擁する総合大学にまで育て上げた[3]にもかかわらず、佐藤昌介が「当時の農学校の縮小廃止論に抗して学校の再編拡大に奔走した」過程を正確に検証しているとは言い難い。本論では、①判明する限りの佐藤昌介の政府中枢との対応を中心に描出することを課題とする。②あわせて、同郷の原敬と佐藤昌介との交流を踏まえながら、札幌農学校の帝国大学昇格実現の最も重要な契機となった古河鉱業寄附金献納を、原敬がどのように主導したか、また佐藤昌介と古河家寄附金、原敬との距離を確認しようとするものである。

一、一八六八～九〇年代の官立高等専門教育機関——札幌農学校の位置

佐藤昌介が背負わざるを得なかった札幌農学校存続・拡張・昇格をめぐる苦闘は、設置当初の計画に従って開拓使が一〇年後には廃されたことに始まる。札幌農学校を開拓使廃止後にどのように取り扱うのかは未検討の課題であった。同時に、一八九〇年代までは官僚・専門家を早期に育成するために、各省庁が必要に応じて設置していた高等専門教育機関の整備・統合が否応なしに進展したという、高等教育制度草創期の特徴に規定されていたことも無視できない。そこで、一八六八～九〇年代の官立高等専門教育機関とそれらの再編統合の

概略を省庁毎に示しておく。

1　大学・文部省

①大学南校・南校（旧開成所を一八六九年に）→東京開成学校（一八七四年）→東京大学（文・法・理学部、一八七七年）→帝国大学（文・法・理科大学、一八八六年）

②大学東校・東校（旧医学所を一八六九年に）→東京医学校（一八七四年）→東京大学医学部（一八七七年）→帝国大学医科大学（一八八六年）

③東京師範学校（一八七二年、一八七三年に大阪・宮城師範学校、一八七四年に愛知・広島・新潟・長崎師範学校設置、一八八三年には東京以外は廃止）→高等師範学校（一八八六年）

2　外務省

①語学所（一八七一年）→語学所（文部省、一八七三年五月）→東京外国語学校（同、同年一一月）→東京英語学校（同、一八七四年に英語部分離して発足、他は東京外国語学校）→東京大学予備門（一八七七年）→第一高等中学校（一八八六年）

3　民部省

①測量学蒸気機関学生徒（一八七〇年、ただし構想案）

4　工部省
①工学寮（一八七一年）→工学校（一八七三年）→工部大学校（工部省、一八七七年）→工部大学校（文部省、一八八五年）→帝国大学工科大学（一八八六年）

5　司法省
①明法寮（一八七一年）→法学校（一八七二年）→東京法学校（一八八四年）→東京大学法学部（一八八五年）→帝国大学法科大学（一八八六年）

6　内務省
①勧業寮農事修学場（一八七四年）→農学校（内務省、一八七七年）→農学校（農商務省、一八八一年）→駒場農学校（同、一八八二年）→東京農林学校（同、一八八六年）→帝国大学農科大学（一八九〇年）

7　宮内省
①華族学校（皇室設置私塾、一八七六年）→学習院（同、一八七七年）→学習院（宮内省、一八八四年）

8　陸軍省
①陸軍兵学寮（兵部省陸軍兵学寮から一八七二年に）→陸軍士官学校（一八七四年）

9　海軍省
①海軍兵学寮（兵部省海軍兵学寮から一八七二年に）→海軍兵学校（一八七六年）

10　開拓使
①開拓使仮学校（一八七二年）→札幌学校（一八七五年）→札幌農学校（一八七六年）

開拓使が札幌農学校を設置した一八七六年当時に各省庁が設置していた高等専門教育機関は、東京開成学校・東京医学校・東京師範学校・東京英語学校（文部省）、工学校（工部省）、法学校（司法省）、勧業寮農事修学場（内務省）、華族学校（宮内省）、陸軍士官学校（陸軍省）、海軍兵学校（海軍省）と多様であった。その後、東京開成学校など文部省所管学校は東京大学、工学校は工部大学校、法学校は東京法学校、勧業寮農事修学場は東京農林学校へと整備が進行した。華族学校を除けば、御雇い外国人教師が外国語で専門教育・普通教育を実施したという点は共通しており、高等専門教育機関それぞれが高い峰をなしていたのである。ところが、政府は一八八六～九〇年にかけて宮内省・陸海軍省・開拓使以外の学校を、文部省が所管する帝国大学へと一元化した。学習院は華族制度に根ざし、陸軍士官学校と海軍兵学校は将校養成機関として独自の性格を保持し続けるが、類似の駒場農学校（東京農林学校）、対比される帝国大学農科大学と並存している札幌農学校の廃止・統合・再編と所管問題は不可避であった。

二、原敬とのこと(1)

佐藤昌介と原敬は共に一八五六年に南部藩士の子として、それぞれ花巻、盛岡に生まれた。ふたりは一八七〇年に藩校作人館に机を並べてから終生交流があった。念のためにふたりの閲歴を並記しておく[4]。

年(年齢)	原　敬	佐藤昌介
一八五六年	南部藩士原直治次男(安政三年二月九日、盛岡)	南部藩士佐藤昌蔵長男(安政三年一一月二四日、花巻)
一八七〇年(一四)	藩校作人館修文所入所	藩校作人館修文所入所
一八七一年(一五)	一二月上京	一月上京、三月深川小笠原賢蔵塾で英学学ぶ、五月大学南校入学
一八七二年(一六)	共慣義塾で英学学ぶ、岸俊雄家塾入塾、秋海軍兵学校受験失敗、麹町天主教会マラン牧師宅寄寓	一月横浜修文館(館長星亨)で英学学ぶ、英文聖書入手、教会に通う、五月帰郷

一八七三年（一七）	四月横浜エブラル牧師宅寄寓、受洗	八月上京、神田駿河台ニコライ神父方寄寓
一八七四年（一八）	新潟エブラル宅家僕、フランス語を学ぶ	三月東京外国語学校入学（一二月東京英語学校に改組）
一八七五年（一九）	一〇月箕作秋坪三叉学舎	
一八七六年（二〇）	九月司法省法学校入学	七月東京英語学校英語学下等教科修了、八月開拓使札幌農学校入学
一八七七年（二一）		九月受洗
一八七九年（二三）	二月法学校退学、一一月郵便報知新聞入社	
一八八〇年（二四）		七月札幌農学校卒業、開拓使御用係
一八八一年（二五）	八月一～九日札幌（海内周遊途中）	
一八八二年（二六）	四月大東日報社主筆、一一月外務省御用係	三月農商務省御用係、七月農商務省御用係を辞し渡米
一八八三年（二七）	七月太政官文書局、一一月天津領事	九月ジョンズ・ホプキンス大学入学、一二月農商務省御用係
一八八五年（二九）	五月外務省書記官パリ公使館（一二月着任）	
一八八六年（三〇）		六月ジョンズ・ホプキンス大学卒業、八月帰国、一二月札幌農学校教授

年(年齢)	原　敬	佐藤昌介
一八八七年(三一)		三月札幌農学校幹事
一八八九年(三三)	四月農商務省参事官	
一八九〇年(三四)	一月農商務省大臣秘書官	北海道庁から未墾地二〇〇町歩払下・農場経営
一八九一年(三五)	八月農商務省大臣官房秘書課長	八月札幌農学校校長心得
一八九二年(三六)	八月外務省通商局長	
一八九四年(三八)		四月札幌農学校校長兼教授
一八九五年(三九)	五月外務次官	
一八九九年(四三)		三月農学博士
一九〇〇年(四四)	九月立憲政友会入党、一二月幹事長、第四次伊藤内閣逓信大臣	九月高等教育会議議員、一二月北海道農会長
一九〇二年(四六)	八月衆議院議員当選	
一九〇五年(四九)	四月古河鉱業副社長、政友会政務調査会長	
一九〇六年(五〇)	一月第一次西園寺内閣内務大臣、大阪毎日新聞社長・古河鉱業副社長辞任、古河鉱業顧問	
一九〇七年(五一)	八月北海道巡視(一三日札幌農学校)	九月東北帝国大学農科大学学長兼教授

一九〇八年（五二）	一月逓信大臣兼任	
一九一一年（五五）	八月第二次西園寺内閣内務大臣	
一九一三年（五七）	二月第一次山本内閣内務大臣	一二月日米交換教授として訪米
一九一八年（六二）	九月内閣総理大臣、司法大臣兼任	四月北海道帝国大学総長
一九二一年（六五）	八月一一日北海道帝国大学来学、一一月四日東京駅にて刺殺さる	
一九二八年（七二）		一一月男爵受爵
一九三〇年（七四）		一二月北海道帝国大学総長依願退官
一九三九年（八三）		六月五日死去

ここでは、差し当たり佐藤昌介が札幌農学校教授に就く一八八六年までに限り、原敬とのかかわりを整理しておく。

確認できるふたりの最初の接点は藩校作人館である。佐藤昌介は藩校作人館修文所で「作文作詩、史伝、経書輪講用書、唐宋八家文、文章規範、日本外史、日本政紀、大日本史、史記」を修めた(5)。原敬も十八史略、元明史略、四書五経、文章規範、唐宋八家文、日本外史、日本政紀、大日本史、史記などを読んだと記している(6)。ふたりは同時期にほぼ同じ書物を読んだ。後年佐藤昌介はこの当時を回想して次のように述べたという。

始めて原君を知つたのは、明治三年原君が十五歳の時で当時は敬とは云はず健次郎と云つた。……同年同輩の青年で互ひに寄宿舎を往来して極く親密だつた者は原健次郎、工藤熊太郎、及び僕(当時は佐藤謙太郎)の三人であつた……原君なども立派な茶筌髷を結て羽織の紐は後に廻して結び何時でも事ある時は羽織を脱がれるやうにし学校の廊下などを闊歩し滔々たる雄弁を揮つて同人間に青年の雄志を発揮した……(7)

上京後は共にキリスト教に共感を覚え、それぞれ英語およびフランス語の修得に励み、一八七六年に佐藤昌介は開拓使札幌農学校、原敬は司法省法学校へ進んだ。前後して受洗したことも興味深い事実である。

第二の接点は一八八一年である。佐藤昌介は、札幌農学校を一八八〇年七月一〇日に卒業し、七月一六日付で開拓使御用係、一〇月四日以降は開拓使学務局督学課兼理事課員として札幌農学校事務官(校園係)の任にあった。(8)約一九万坪(一八八一年六月)におよぶ校園(附属農場)(9)の経営に従事するとともに実習を担当していた。(10)原敬は郵便報知新聞社員として渡邊洪基に従って東北・北海道を旅行した際に、一八八一年八月一〜九日まで札幌に滞在し、八月一日に投宿後開拓使に赴き開拓使御用係の職にあった佐藤昌介を訪ねた。「海内周遊日記」には次のようにある。

旅寓を京華楼に定め長谷部書記官を訪ふ、在らず。又馬島譲君を訪ふ、晩食の饗あり。

佐藤昌介君を訪ふ、在らず。去て栃内元吉君を訪ふ。佐藤君も亦至り相伴ふて蒼海楼に小酌す。遂に栃内君の邸に宿す(11)

開拓使官吏を訪ねて夕食をともにし、さらに栃内元吉・佐藤昌介と酒席に臨んだのである。栃内元吉は屯田兵大尉、藩校作人館では原敬と同室、上京後も親しかった旧友である。宿泊予定を変更して栃内宅に泊まるほどの仲である。佐藤昌介も同宿したであろうか。

原敬は翌八月二日には札幌農学校を訪ねた。

農学校に赴く、加藤某君悉く示さる、構内に演武場あり化学場あり、書庫、温室あり農学に要するもの大概備はれり。現在生徒五十名許あり、内外の教師之を教授すと聞く。目今休業なれば其現状を知るを得ず。終に空知〔空知通、現北六条通り〕に至り農学校園を見る、牧牛馬頗る多し、全く洋法を以て規業を行ふ処とす。是亦規法宜を得たる如し(12)

農学校園を視察したにもかかわらず、校園係である佐藤昌介とは会わなかったのであろうか、彼の名はない。

第三の接点は、原敬は佐藤昌介が渡米するに際して、原稿料収入を得る労を取ったことである。一八八二年七月に佐藤昌介は農商務省御用係を辞し、家族を東京に残して渡米した。一八八三年一二月には農商務省御用係に任ぜられるが、当初は私費によった。佐藤昌彦は、父佐藤昌介が原敬の助成を得て『大東日報』に「米国通信」を載せることになった経緯を次のように述べている。

〔旅費は〕官を辞した時の勉励賞与金を基礎として漸く工面した。無論不充分であったから船は三等、汽車は移住民列車に乗じあらゆる苦心をしてニューヨークに到着したのであった。此の不足な渡米費を助ける為と更に十四年七月結婚して東京に残してある妻ヤウ（私の母）の生活の為に、盛岡時代からの友人原敬と約して原が主宰して居た大東日報に米国通信を送って稿料を得たのであった(13)

四度目の接点は次のように確認できる。

一八八五年一二月一日からパリ公使館書記官・代理公使の職にあった原敬は、一八八六年八月七日に「田村某米国より佐藤昌介之書状ヲ持来レリ（一昨日）」と記している。米国出発直前の佐藤昌介からの書簡を受け取ったのである(14)。原敬は、帰国して札幌に居を移していた佐藤昌介に、一八八六年一一月一九日に返信を送った。原敬は「家信貞子へ并誠へ箱物送状并佐藤昌介へ書状同封ニテ差立ヱブラル氏へ書状送ル」と書き記している(15)。

いずれの書簡も内容は不詳だが、原敬は佐藤昌介の帰国と帰国後の札幌農学校教授就任に祝意をしたためたはずである。

ふたりの交流は濃密であった。

三、札幌農学校廃止・縮小論と文部省への移管──佐藤昌介の苦闘

(一)開拓使廃止と札幌農学校所管問題

一八八二年二月一日「開拓使十カ年計画」終了に伴って開拓使は廃止となり、前後して札幌農学校所管問題が浮上した。札幌農学校長開拓権少書記官森源三は、一八八二年二月、開拓大書記官調所広丈宛に上申書を提出し、設立以来巨額の資金を費やし修学条件がようやく完備し、校名も知られるようになり、卒業生も輩出しているので「今般廃使之際同校ハ農商務省ノ所轄トナシ永ク維持被致候様長官殿江御稟申相成度」と、札幌農学校を農商務省所管とするよう訴えた(16)。

文部省も、一八八二年二月九日、「札幌農学校之儀ニ付具申」を太政大臣三条実美宛に提出し、札幌農学校を文部省直轄学校とするよう求めた。その趣旨大略は以下のとおりである。

①札幌農学校は開拓事業に深く関わっており、今後も存置することがきわめて重要である。

②札幌農学校予備科教科目は中学校とほぼ同一であるが、元来大学・農工商専門学校の基礎階梯は中学校であるので、専ら農学本科であるべき札幌農学校は予備科を廃して中学校

と「脈絡ヲ貫通」しなければならない。中学校は文部省所管であるからには札幌農学校は同省所管とすべきである。

③札幌農学校は実業を主とするが、実業の修学は学術にもとづかなければならないことは札幌農学校教則に明示してあり、教育上の通論である。学術の事は元来文部省の主管である。

一八八〇年の札幌農学校予備科教科目は、初級は英学・歴史・算術・素読・作文・習字・和漢学、第二級は英学・地理書・素読・綴字・習字・和漢学、第三級は英学・算術・素読・綴字・和漢学・習字であった。本科第一学年の毎週授業時数二四のうち、化学六・代数学六・英学六であるのに対して、農学は二、農業(実習)は二であった(17)。札幌農学校は中等普通教育と「学術」を基礎とした実業専門教育機関であった。文部省は、札幌農学校は文部省所管の中等教育を基礎とし、学術にもとづく実業教育機関であり、学術を主管しているのは文部省だと自省所管を主張した。学政のことは文部省が専管すべきとの主張である。

農商務省は、一八八二年五月一三日には、札幌農学校は開拓使が開拓事業のために実業を主として設置したもので、農商務省所轄の駒場農学校と同一なので同省に属すのが「便益少ナカラサル義」であると、文部省上申を退けた(18)。既に太政官は一八八二年三月八日令達を発し、札幌農学校の農商務省所管を決定しており、事後当面は開拓使残務取扱が所掌していた。

一方、農商務省は一八八二年五月二日に左大臣宛に大略次のように上申した。
①「不便不経済」を問わず札幌に農学校を設置したのは、北海道農業にはわが国固有の精農主義は得策ではなく、アメリカ合衆国を範とすべきだからである。
②札幌農学校は北海道開墾の基軸模範の施設、ひとびとを開墾に誘導する模範であって、純然たる専門学校ではない。
③開拓使が所管していた各種試験場と密接な関係にあり、既に「不可断ノ脈理」のもとにある。
④農商務省の所管とするのが「開拓ノ得策」であり、単に「一校ノ管理得失」を述べているのではない(19)。
太政官は、一八八二年六月一二日、札幌農学校は「開墾ノ模範」として設置したのであり、文部省所管とすると農業試験場との脈絡を断ち「実務上大キニ不便」となるとの理由を付して農商務省が所管すべき旨通知し、七月には札幌農学校は農商務省北海道事業管理局の下におかれることとなった(20)。

(二)　金子堅太郎の札幌農学校廃止論と佐藤昌介「米国農学校の景況及び札幌農学校組織改正の意見」(一八八六年一一月)

一八八六年一月二六日、農商務省北海道事業管理局は廃され内閣直属の北海道庁が新設され、二月二八日には札幌農学校は北海道庁の所管となった。米国から帰国して、同年一二月二八日母校教授に就いた佐藤昌介は早速困難な課題に立ち向かうこととなった。太政官大書記官金子堅太郎「北海道三県巡視復命書」(一八八五年一〇月)にあった札幌農学校廃止論である。金子堅太郎は、札幌農学校を「北海道ヲ開拓スル、第一ノ機械」とするのは「席上ノ空論」であり、米国では農学校なしで開墾は進捗した。「全ク学理的ノ農学ヲ教ユル目的」のアマースト農学校を範としたため、札幌農学校は「高尚ニ過ギ、開墾ノ実ニ暗シ」、「拓地殖民ノ実業ニ裨益ヲ与ヘザルハ、信ジテ疑ハザル所ナリ」と、論難して止まなかった。

佐藤昌介は、一八八六年一一月、米国留学復命書「米国農学校の景況及び札幌農学校組織改正の意見」[21]を北海道長官岩村通俊に提出した。金子堅太郎「北海道三県巡視復命書」にもとづき札幌農学校廃止が具体化したわけではなかったが、佐藤は米国の農業と農学校の特徴を詳述した後に、名指しはしなかったものの明らかに金子堅太郎に対する批判を展開した。

然ルニ論者アリ開拓使ノ事業中札幌農学校ノ設立ヲ以テ其最モ不適当ノ事業ナリトシ

且ツ英米ノ殖民地農学校ノ設ケナキモ開拓盛ン尓行ハレ耒耜ヲ取リテ荒蕪ノ地ヲ開拓スルノ人ハ農学校出身ノモノ尓非ズトナシ以テ札幌農学校ヲ無用視セシモノハ実尓彼我ノ情勢ヲ審カ尓セザル浅見ノ評論ト云ハザルヲ得ザルナリ

そして、「大尓農学校ヲ利用シ以テ拓土殖民ノ事業ヲ翼賛セシ《ママ》ラル、ハ道庁殖民政略上ノ得策尓アラズシテ何ンゾヤ」と札幌農学校改革の必要を説いた。

①札幌農学校の目的は「学術ノ進捗ヲ謀リ以テ人材ヲ養成シ〔道庁に採用して〕拓土殖民ノ事業ヲ翼賛セシムル」と定め、生徒に目的を明示して方向性を知らせ「開拓翼賛ノ精神ヲ暢発」することが急務である。

②基礎的科目を廃して農業専門教育を充実するとともに、工学科を新設して道路・橋梁・鉄道の建設、治水などに必要な土木工学の人材養成を図る。

③卒業生中学力優等者を教授とするために、東京大学・東京農林学校などに入学させ、さらに外国へ留学させる研究生制度を設置する。

④道内各地の巡回講演・臨時講演、農耕関係出版物刊行など、直接北海道に利益をもたらす事業を実施する。

⑤日本語による授業を行なう簡易農科を設置する。

⑥文部省・農商務省所管学校と同様に札幌農学校官制を制定する。

「札幌農学校官制」（勅令第八十四号、一八八六年一二月二八日）制定により、札幌農学校は「農工ニ関スル学術技芸ヲ教授スル」官立学校としての位置、教職員の配置が確定した。北海道庁は、一八八七年三月二三日「札幌農学校校則」を改正し、工学科・農芸伝習科を新設し、八月三〇日には英語・英文学・数学関係科目を減じ、農業経済・農政・殖民策・山林学などを新設して農業専門教育を重視したカリキュラムに改めた。

（三）　文部大臣森有礼との会見と佐藤昌介「北海道殖民地ニ農学校ヲ必要トスルノ意見」（文部大臣森有礼宛意見書、一八八八年）

佐藤昌介は「森さんは有数の教育家であるが、札幌農学校の改革の事は知らなかつた。北海道の事業は総理大臣の直属だから文部大臣が知らなかつた訳だが、文部大臣が知らぬ教育を施すといふことはよくないといふので、森さんから故障が入つた。そこで僕は呼出されて森文部大臣の所へ行つた」と述べている[22]。佐藤昌介の「履歴書」に一八八八年四月九日に「上京命令」とあるのがこれに相当するだろう[23]。北海道庁が所管する学校の幹事が文部大臣に呼び出されるとは尋常ではない。

一八八六年「帝国大学令」制定過程において、高等専門教育機関の一元的管理は政府内の重要なテーマであった。農商務省に属していた東京農林学校は、激しい意見の対立を経て一八九〇年には帝国大学に組み込んだうえで農科大学となることが決定していた(24)。必要とする人材を各省庁が独自に養成確保するという、かつての官立高等専門教育機関特有の構造は既に変容を遂げつつあった。札幌農学校の所管問題は、いやが上にも浮上せざるを得なかったのである。

森文相との会見に際して、佐藤昌介は「北海道殖民地ニ農学校ヲ必要トスルノ意見」(文部大臣森有礼宛意見書)を提出した。佐藤昌介は、北海道は「本邦ノ一大富源」であり、「本邦ノ財用充足セザル可ラズ農業ノ改良講究セザル可ラズ北海ノ宝庫啓発セザル可ラズ殖民地ノ人材養成セザル可ラズ教育ノ制度拡張セザル可ラズ」と、国力伸張のために札幌農学校が必要であると説いた。熱弁である。また、「殖民地ニ必要ナル文武官ヲ養成スルノ学校タル可シ」と、屯田兵将校養成制度の必置を強調した。師範学校への兵式体操導入に熱心であった森の歓心を買うためだけでなく、北海道開拓にかかわる業務の全般を所掌する北海道庁が、開拓に必要な「専門家」をすべて自前で養成するという構想である(25)。森は「よし、何でもやれ、北海道でやることは単り農業工業の教育ばかりでない。屯田兵の士官を養成するがよい。

兵農を兼ねるものだから、屯田兵だって農業教育のないサーベルにばかりまかせて居つて、農村が開けるか」と述べたという(26)。

一八八九年八月一七日には官制改正、九月一九日には校則改正を経て兵学科を設置し、札幌農学校は屯田兵将校養成に踏み出したが、一八九六年には卒業生を出さぬまま廃止となった。一八九一〜九二年には屯田兵下士官を入学させて将校とする兵学科別課生(修業年限一年)もおかれていた(27)。

佐藤昌彦は「父としては恐らく之(屯田兵将校養成)はどうでもよかった事であったであろう。森文部大臣の意が何処にあるのか判明しないので、いろいろな存在の理由をならべたのであったであろう」と述べている(28)。「どうでもよかった事」としたのは、「陸軍と相談をして、陸軍の方から参謀官が来て兵事教育を授ける、農学の教授が農業教育を授けるといふことになつた。そこで教育された学生が屯田の士官になる途を開いたのである。……札幌農学校出身の軍人は佐官級まで昇つて大いに軍功を樹てた者がある(29)」とのかつての父の言と札幌農学校の歴史に対する配慮である。敗戦後の状況では軍事への関与はあくまでも些事でなければならなかった。

（四）内務大臣井上馨への陳情と佐藤昌介「札幌農学校ニ特別会計法ヲ施行スルノ議」（一八九二年）

一八九〇年七月七日、北海道庁の所管は内閣直轄から内務省管轄へ変更となった。したがって、札幌農学校は北海道庁長官の管理下に属するとともに、内務大臣の指揮下におかれることとなった。

一方、開設当初の議会では民力休養・経費削減を唱える自由民権派が衆議院の多数を占め、政府予算は抑制され、札幌農学校予算をも左右した。一八八八〜九〇年度までは五万円前後で推移していた札幌農学校歳出予算は、一八九一・九二年度には三万八五八九円、九三・九四年度には二万六四五〇円へと減額された。一八九一年七月二四日には工学科が廃止となり、教授定員が一〇人から八人に減ぜられた。佐藤昌介はそのようななかで、一八九一年八月一六日には校長心得に任ぜられた。佐藤昌介が財政削減に直面して講じた打開策は、収入を国庫に納付せずに学校会計に繰り込める「官立学校及図書館会計法」の適用を受けることだった。そのために内務大臣井上馨に面会して陳情した。北海道庁長官・内務次官渡辺千秋同席である。経緯は自身が記すところによればこうであった。

この時は実は工学部〔工学科〕ばかりでなしに学校それ自身が危なかつたのである。予算が危いといふことを聞かされたから、私はそれは大変だと東京へ飛出して、内務大臣に面会を求めた。会つて下さつた。……僕が行つて、目の当り井上さんに陳情をして、拓殖上あの学校は永久に存在しなければならぬものであることを陳情したから、すつかり分つて下さつて……[30]

「予算が危い」という事態を確認できない。陳情の詳細も不詳だが、「札幌農学校ニ特別会計法ヲ施行スルノ議」そのものか、それを踏まえたものであろう。佐藤昌介は、文部省直轄学校にのみ適用されている「官立学校及図書館会計法」を札幌農学校にも適用して、「国庫ノ余剰金幾分ヲ仰テ其基金トナシ併セテ同窓会ノ寄付ヲ容レ以テ本校前途ノ大計ヲ立ルハ目下本校ノ大急務ナリトス……該法ヲ実施シ経済ノ独立ヲ得ルトキハ他年地拓ケ民多ク益教育制度ノ拡張ヲ要スルニ至リ農学校ノ利用単ニ農学校タルニ止マラサルベシ」と説いた[31]。

井上馨内相は同法適用を了解した。了解したが、札幌農学校を内務省所管のまま適用するのには法改正を要し、それでは一八九四年度からの施行に間に合わないので、経費は当分内務省所管とし、文部省直轄に変更して同法の適用を図る旨閣議に諮った(一八九三年九月二一日)。閣議決定は一〇月四日、文部省直轄とする旨の勅令第二百八号公布は一一月一一日、施行は一八九五年四月一日である。閣議請議案には「文部大臣へ協議ヲ遂ケ茲ニ閣議ヲ請フ」とあり、文部大臣井上毅も了解済みであったことがわかる。[32] また、同案には「文部省直轄学校ト為ストキハ直ニ特別会計ヲ施行シ得ヘキノミナラス学校管理上ニ於テモ益便宜ヲ得ヘキニ付……」ともあったから、「官立学校及図書館会計法」適用とともに所管問題も解消するという政府部内の判断が働いたことは明瞭である。[33] もっとも、文部省直轄学校となると同時に、教授定員は八人から六人へと削減、予科も廃された。「札幌農学校校則」(一八九六年六月制定)第一条は、「札幌農学校ハ農理農芸及拓殖ニ関スル高等教育ヲ授クル所」と規定した。中学校に接続する四年制の「技芸学校」(『文部省年報』)という位置づけである。修学年数では本科四年生は帝国大学一年生と同じ位置に達したに過ぎない。

(五) 文部大臣井上毅と佐藤昌介「農業教育ニ関スル卑見」(一八九四年二月二三日)

文部省所管への移行途上で、佐藤昌介は札幌農学校の根本にかかわる問題に遭遇することとなった。佐藤昌介は次のように述べている。

一息つく間もなく、又もや学校の難に遭遇した。井上毅といふ人が、文部大臣になつて実業教育を大いに主張した。此の人は森文部大臣以来の名大臣と云はれた方で、憲法草案起草の一人である。その井上文部大臣の主張によつて専ら実業教育を興し、理論に傾くものは見合せるといふのである。それで札幌農学校は少し高尚だから、もう少し実際的の教育を施して貰ふやうにしなければならないといふ論が起つた。これには閉口した。さうすると大学程度でなく一段低い実業学校にならなければならない事になるので、それは堪へられない。北海道を踏へての高等教育機関だから、生半端な中間の学科課程を持つて居る農学校ではいけない、我々は敢然反対を試みたが、これは余程苦しかった[34]

井上毅は一八九三年三月七日に発足した第二次伊藤博文内閣文部大臣である。念のために井上毅の農業に関する高等専門教育政策を概括するなら、以下の三点となろう。

①農科大学を帝国大学から分離して農科専門学校とする。

井上毅は、一八九三年四月ごろには農科大学を除いた「帝国大学令」改正案と農科専門学校に関する勅令案を作成していたが、「帝国大学令」改正案閣議請議(一八九三年六月三〇日)直前の六月二〇日にはこれらの構想実現を断念した[35]。

②帝国大学農科大学を、農学者を養成する農科大学研究科(甲)と中等農学校教員・府県農業技師・農務行政官に「適当ナル農学者」を養成する農科大学普通科(乙)とする。

井上毅は、一八九四年には、帝国大学農科大学の乙科を「尋常中学校ヲ卒リタルモノヲシテ農業ニ関スル学術ノ応用ヲ学バシム」る四年間の普通科(乙)と改める構想をいだいていた。[36]

この当時、帝国大学農科大学は「実業者ヲ養成スル為」に農学科林学科獣医学科の乙科を設置していた。入学資格は「品行方正身体強健」で一九歳以上、入学試験科目は漢文講読、作文、国語書取、日本地理、算術、代数学である。[37] 修業年限三年の中等実業学校であった。井上毅は乙科を中等普通教育に接続する実業専門教育に改編しようとしたのである。

③帝国大学農科大学職務俸額を他の分科大学よりも低額とした。[38]

①②の構想は挫折したが、いずれも農業に関する高等専門教育機関を「実用を失いて空理に流るゝ」と批判した井上毅の「応用的諸科学抑制の意図」(寺﨑昌男)は明瞭であった。井上毅の札幌農学校改革案は、佐藤昌介の「理論に傾くものは見合せる」との回想以上に明らかとはならないが、札幌農学校が従来にも増して困難な課題を突きつけられたのは確かである。

以下は井上宛に提出した「農業教育ニ関スル卑見」の大略である。

①府県立農学校・帝国大学農科大学乙科のような実業者の養成では農業改良に益が少ない。

②農業振興の「主脳者」は高等農業教育を受けた農学士でなければならない。

③帝国大学農科大学は「学術の蘊奥ヲ攻究スル最高の府トナシ実務已外ニ高ク留リ実業家

ト相懸隔」しており、農業振興にほど遠い。[39]

これでは「一段低い実業学校」を回避する論理にはほど遠い。寺﨑昌男も「農学および農業教育はあくまでも実際的なものたるべしと主張しており、結果的に井上の企図を支持するかたちになっているのが注目される」と述べている。[40]「大日本帝国憲法と教育勅語という、天皇制国家体制の機構的・理念的二大支柱を、二つながらともに設定する上で、最も中枢的な役割を果した」「明治政府最大のブレイン」（佐藤秀夫）[41]井上毅相手では「余程苦しかった」はずである。その後の経緯は不詳だが、井上毅は「憲法起草に尽力していた二十一年の頃発病した肺結核はしだいに病勢を昂進させ、文相在任期間の後半にはもはや絶対安静を必要とする事態[42]」であった。「一段低い実業学校」への改編は、夏頃には中断した。そして、井上毅が一八九四年八月二九日に文相を辞した後には雲散霧消した。[43]

佐藤昌介は、難敵井上毅との対応に追われながら、一八九四年四月一二日札幌農学校長に任ぜられた。

(六)　佐藤昌介「札幌農学校拡張意見書」（文部次官菊池大麓宛、一八九八年一月一三日）

一八九七年四月二二日、政府は「速成ノ土木工学科[44]」設置のために教授定員二名増員を認めた(勅令第百九号)。札幌農学校は「道路排水運河鉄道築港等ノ工事続々相起リ技術者ヲ要スルコト著」しいと説明した。土木工学科の入学資格は高等小学校四学年卒業または尋常中学校二学年修了、修業年限は三年である。農学本科に比較すれば、低位の課程ではあったがようやくなし得た拡大であった。

一八九八年一月一三日、佐藤昌介は前年一二月に浜尾新文部大臣から求められていた「札幌農学校拡張案」を次官菊池大麓宛に提出した。盛り込まれた拡張案は以下のとおりである。

①本科(農学科、修業年限四年)のために予修科(入学資格は尋常中学校卒、修業年限は二年)を設置する。

②林学科、水産科、商業科、医学部を設置する。

③基本財産からの収入を充てるので、国庫支出は不要である。

文部省の実業教育拡大方針のもと、佐藤昌介拡張案にもとづき、一八九八年に予修科(入学資格は尋常中学校卒業、修業年限は二年)、一八九九年に森林科(一九〇五年に林学科へ改組)、やや下って一九〇七年に水産学科を設置した。予修科(二年)と本科(四年)を合わせると、修学年限は高等学校(三年)・帝国大学(三年)と同じとなった。文部省における扱いは、盛岡高等農林・東京高等商業・東京高等工業学校などとともに実業専門学校であったが、札幌農学校関係者は予修科設置を帝国大学昇格の重要な足掛かりとみなした。

四、原敬とのこと(2)——帝国大学への昇格

ここでは、一八九九年以降に顕著となる帝国大学増設の動静と大学設置運動の経緯は『北大百年史　通説』(一六五—一七八頁)に譲り、札幌農学校が帝国大学に昇格するに際して、第一次西園寺内閣内務大臣(一九〇六年一月七日〜〇八年七月一四日)、古河鉱業株式会社顧問(一九〇六年一月七日〜、一九〇五年四月一日〜〇六年一月七日は同社副社長)としての原敬が果たした役割について述べる。

内務大臣として北海道庁を所掌する立場にあった原敬は、北海道庁「北海道事業計画要旨」、同「北海道事業計画参考書」(いずれも一九〇六年五月)にあった札幌農学校を大学とし、農学・工科・理科分科大学を設置し、予修科を大学予科とするという、札幌農学校帝国大学昇格運動——その先頭に佐藤昌介がいた——について知っていた。(45) 札幌農学校を帝国大学とするためにとった原敬の判断と行動を『原敬日記』に依拠して瞥見しよう。なお、原敬と佐藤昌介の交流は一八八六年以降も続いていたと考えるのは自然であり、一八九四年四月一日以降は札幌農学校長の職にあった佐藤昌介が、帝国大学への昇格に際して原敬と何の連絡も

取らなかったはずはないが、その動静を確かめることはできない。

（二）「原敬日記」一九〇六年一一月一七日の条[46]

東北大学其他に関し牧野文相来訪内談せり、財政の都合にて東北大学、札幌農科大学、九州理工科大学ともに大蔵省の削減に遭ふて困難する由に付、兼て古河家に於て公共的献費の企も之ありしに因り新営費を支出して献納せしめんとの考あり、且つ此際大学設立尤も必要に付文相に兼て内議し置きたる為めなり、此献納あれば始めて大学の設立を見る事にて国家の為めにも甚だ利益なりと信じたるなり

原敬は、日を特定できないがこの日以前に、文部大臣牧野伸顕に東北・九州帝国大学増設のために古河家が寄附すると伝えていた。古河家の「公共的献費の企」とは、古河家当主虎之助に「原敬君ハ密カニ之ニ告クルニ近キ将来ニ於テ国家国民ノ利益ノ為メニ巨大ノ寄附金ヲ投スルノ必要アルヘシ」と提案し、了解を得ていたことを指している。「古河家三大学寄附顚末」は、「我古河家ニ公共事業ノ為メニ資ヲ投スルノ企図アルヤ久シ」と古河市兵衛以来の「宿志」実現を強調している。しかし、「原敬君当社ニ入リテ以来常ニ木村、近藤、岡崎諸君（古河鉱業監事長と監事）ト此事ニ就テ相謀ル所アリタリ」ともあり、原敬が足尾銅山鉱

毒事件に対する「世間の非難」をかわそうと寄附金を画策していたことは確かである。[47]

（二）「原敬日記」一九〇六年一一月三〇日の条[48]

井上〔馨〕を訪ふて古河より大学建築寄附の事を相談して同意を得たり、近来富豪より種々の寄附を出すものあり、授爵などの魂胆もあらんが、兎に角右様の次第故古河も此侭に打過ぎては世間の非難を免がれざる事に付、兼て公共的に相当の寄附をなすを得策と考へ、古河重役、戸主、陸奥〔広吉、陸奥宗光長男〕等にも内話せし事あり、然るに今回文部省は仙台東北大学、札幌農科大学及び福岡工科大学を設立せんとし、大蔵省の査定により删減せられ殆んど絶望の姿なるにより、之を建築して寄附するは国家の為めにも古河家の為めにも甚だ喜ぶべき事に付、陸奥始め重役等に内議し、牧野文相にも内々相談して同意を得、遂に井上に相談したるなり、井上至極適当なりとして快諾せり

この日より前の一一月二一日、牧野文相は原敬に札幌農科大学分は「寄附金（道庁ノ分）ニテ始末ヲ附ケ候事ト致シ」、福岡工科大学・仙台理科大学の「二口ニ付御尽力被下候ハヾ仕合ノ至」と伝えていた。[49]原敬は、古河家重役たちに三大学分または福岡工科大学・仙台理科大学二大学分いずれかをと諮ったところ、二大学分の一切の創設費とすることでまとまって

しまった。原は建築費は百万円だが、福岡・宮城両県の寄附は合計五〇万円にのぼり、必要な土地の代金までを含めると膨大な金額になり、文部省は古河家の寄附が巨額になることを恐れている、札幌農科大学建築費は多額ではないのだから、三大学の校舎・研究施設建築費に限定して寄附すべきだと軌道修正してまとめ上げた。(50) 札幌農科大学を帝国大学とする意図に出たものであることはいうまでもない。

また、「此侭に打過ぎては世間の非難を免がれざる事」とは、古河鉱業が操業している足尾銅山・精錬所が引き起こした「足尾鉱毒事件」に対する渡良瀬川流域農民の運動と批判的世論のことである。原敬にとって大学設置費用の寄附はそれらをかわすための格好の手段であった。古河家も、事業経営上負うところが少なくない理学工学の発達を助けようとの切なる志を実現する適当な機会がなかったが、財政難で帝国大学増設実行困難と聞き、「報国ノ微衷ト学術ノ奨励ト将タ古河家祖先ノ遺志ヲ果タサン」として献納するとの大義名分を見出したのである。(51)

(三)　「原敬日記」一九〇六年一二月一日の条(52)

古河鉱業会社庶務課長毘田文次郎を同伴して牧野文相を訪問し、文部省会計課長にも紹介して古河家より大学建築寄附に関する打合をなしたり、夜に入り木村、岡崎両人来訪して文部会計課長の示したる寄附の案文に付相談ありたるにより、其案文を修正、一切無条件にて文部省の計画通建築し指定の年限内に落成する事の出願をなし、文部省は之に対して詳細の命令書を下附する事に改めたり、多分明日中に内相談を纏め明後日は公然の手続をなすに至るべし、甚だ美挙なりとして文部省に於ては十分の厚意を以て之を迎へたり

古河家が一九〇七年度から五年間にわたって建築費合計九八万七七三九円、事務費用六万九一三七円を寄附することが決定した。札幌農科大学分は、大学予科及実科・農芸化学・林学・畜産教室建築費用一三万五五一九円である。ちなみに、福岡工科大学分は六〇万八〇五〇円、仙台理科大学分は二四万四一七〇円であった[53]。

（四）「原敬日記」一九〇六年一二月四日の条[54]

古河家より各大学建築寄附の件は牧野文相より閣員に報告して是認を得たり、但し寺内〔正毅、陸軍大臣〕は寄附に因て大学を増設する如きは考ものと云ふが如く、例の小理窟らしき事を云ひたるも強て異議も主張せざりき

これは定例閣議の記事である。「寄附に因て大学を増設する如きは考もの」とは、国家の沽券にかかわるということである。牧野文相が札幌農科大学分は北海道庁負担とし、古河の寄附は「二口」すなわち福岡工科・仙台理科大学分をと言ったのは、円滑な閣議決定を願ってのことであったということか。二大学分創設費一切を寄附するとの古河家重役たちの当初の案であれば、閣議は紛糾したであろう。もっとも、寄附の件は一二月一日に決していた。

(五)「原敬日記」一九〇六年一二月六日の条(55)

古河家より出願せし福岡、仙台、札幌大学建築寄附の件文部省より公然許可ありたり、……依て陸奥伯(広吉)並に古河虎之助に電報を発送せしめたり

一九〇六年一二月六日に古河家寄附金献納が一般に公表された。一九〇六年一二月七日付『東京朝日新聞』は「古川家の寄附は誠に時宜に適したる美挙」と報じた。『北海タイムス』(一九〇六年一二月七日付)も「札幌大学は四拾年度予算に計上創設の事に決定」と報じた。『北海タイムス』は一二月八日付で「古河市兵衛遺族」の寄附を、一二月一一日付で「大学成立に就ては之れを文相の尽力と云はんより内相の努力と見るを至当とするの理由あり詳くは説明の限りに非ずと雖とも亦是れ政友会を通しての内相の進言と見て差支へなかる可し」

と報じた。[56] 古河家は「〔新聞で〕之ヲ称揚スルモノ枚挙ニ遑アラス」「此挙ハ世間一般ニ対シテ多大ノ印象ヲ与ヘタルモノ、如シ」と自画自賛した。[57] しかし、古河家寄附金一〇六万円は、足尾鉱業所の一九〇五年総利益を上回り、一九〇六年中の鉱夫総賃金に匹敵した。足尾銅山労働者は、一九〇六年一二月二七日に開催した演説会で、「金持ノ子ヲ教育スル学校ヲ建テタトイフヿテアルカ我々坑夫ヲ容ル、所ハ足シテモ呉レス。……団結シテ会社ト戦争スル」（岸清「自由ト坑夫」）、「我々ノ苦ンテ居ルニモ不拘斯ルヿヲ致スト云フノハ残念ニアリ我等ヲ瞞着シテ居ル」（林小太郎「労働者ノ覚悟」）と痛烈に批判した。[58]

佐藤昌介は、一九〇六年一二月一七〜二二日にわたって開催される高等教育会議[59]に出席するために一二月一二日に札幌を発ち、一四日から東京に滞在していた。[60] 二二日の会議は午後一時開催、終了は午後七時であった。佐藤昌介は午前中に古河鉱業本社を訪れ謝辞を述べたはずである。[61] 在京中に原敬にも会ったとの推測は許されるだろう。

なお、佐藤昌介は、「当局者の尽力と資産家の寄附により、明年度予算に計上せらゝに至りしは、余等農学校職員一同の歓喜して已まざる所にして、又多年之がため後援に尽せし、北海道其他諸方面の人々等の満足する所なるべし」と述べている。[62] 固有名詞を避けているが、「当局者」のひとりは原敬であり、「資産家」は古河家以外にはありえない。

（六）「原敬日記」一九〇七年八月一三日の条(63)

道庁より札幌農科大学に赴き一覧せり、校長佐藤昌介は余の友人にして、而して農科大学となす事に関しては、余の尽力にて古河家より其建物を寄附し、多年の希望を達せしめたるものなり（今年秋より開校の筈なり）。農科大学の帰路製麻所を一覧し又物産陳列所を一覧したり

原敬は、北海道視察・盛岡への帰省を兼ねて、一九〇七年八月七日東京を発ち、九日には広井勇の案内で小樽港内防波堤を視察、増毛・留萌・旭川を経由して一二日に札幌に到着した。原敬と佐藤昌介は函館本線幌向駅で会った。佐藤昌介が札幌区長らと途中まで出迎えたのである。佐藤昌介も一九〇七年八月一二日の日記に、「原内務大臣ヲ幌向ニ迎ひ晩宴会」と記した(64)。車中でまた宴席で、ふたりは原敬の「尽力」、古河家寄附、佐藤昌介の「多年の希望」達成について懇ろに挨拶を交わしたはずである。一三日午前一一時頃には札幌農学校を訪ね「各講堂其他附属室農園等を視察」した(65)。原敬の札幌農学校訪問は一八八一年以来である(66)。一八八一年当時には北一〜二条、西一〜二丁目にあった校舎は、一八九九年から五年計画で附属農場内（現在の農学部附近）に移転していた。昼食を共に摂り、函館に向けて発った原敬を佐藤昌介は銭函まで送った。佐藤昌介は、日記に「原氏学校ニ至ル、午餐、晩銭箱

迄氏ヲ送ル」（一九〇七年八月一三日の条）と記した。[67]

むすび

一九〇七年六月二二日に公布なった勅令第二百三十六号「東北帝国大学ニ関スル件」は、仙台に東北帝国大学を置き（第一条）、札幌農学校を東北帝国大学農科大学とする（第二条）と定めた。総長は当分は農科大学長が兼ねることとなった（第四条）。施行は同年九月一日であった。

開校式は一九〇七年九月一一日に執り行われ、佐藤昌介が式辞を、続いて文部大臣牧野伸顕が祝辞を述べた。牧野文相は祝辞冒頭で、大学設置は国家財政の点で進まなかったが「幸に古河家が百六万円を九州及東北大学設立費に献納せん事を請ひ、且つ其使用に就ては無条件なりしが為め茲に始めて其機運到来し、漸く予算を編成し前期議会の協賛を経て今日あるに至りたり。茲に於て古河家の美挙は永遠に紀念すべきものにして、蓋し本大学の歴史上特筆大書すべき事に属す」と述べた。[68]

一方、佐藤昌介は「地を拓き民を植ふるは、経国の大本にして為政の要務なり」と切り出し、「凡そ学理は世界を通して動かず学芸は天下を共にして偏らず。先哲に鑑み後賢を啓き造化の妙用を闡明し宇内の大経を彌綸するは学者の本務たり」「上は以て皇上の優渥なる聖意に対へ奉り下は以て天下万衆の嘱望に辜負するなからんことを期す」と、帝国の大学たることを高らかに謳った[69]。しかし、古河家寄附金と原敬の「尽力」に一言半句も触れるところがなかった。

佐藤昌介は、その後も式辞などで沿革に触れることは多かったが、古河家寄附金と原敬の「尽力」に言及したことはなかった。一九〇七年八月一三日付『北海タイムス』は「原内務大臣が本道に貢献したことで、世人の余り気の付かないことが有る……札幌農科大学の設置に就ては、原内相は、初めより多大の同情を寄せられ、斡旋尽力一方ならず、経費の都合上、問題が行き悩むや、其の縁故有る古川《ママ》氏を説き、ここに漸く大学の設立を見るに至つた」と述べていた。古河家寄附金献納決定直後の報道は既にみたとおりである。札幌農学校の帝国大学昇格が古河家寄附金と原敬の「尽力」に与っていたことは周知の事実であった。しかし、佐藤昌介は「大書」しなかったのである[70]。

帝国の大学であるからこそ原敬は古河家の寄附金を調達できたのだった。「学者の本務」を果たすべき帝国の大学とその総長は「足尾鉱毒事件」に連なっている古河家のことは敢えて黙し、世俗から高みにいることこそが肝心であった。

かねて賃上げを要求していた足尾銅山坑夫の運動は一九〇七年二月四日には「暴動」化し、七日に三〇〇人の軍隊が出動してようやく鎮圧した。六二八名が検挙され、一八二名が起訴された。[71] 原敬は一九〇七年二月七日の日記に「栃木県の警察のみにては到底鎮撫の効なきにより、栃木県知事より第一師団に出兵を求め来り、昨日丁度議院内にて寺内と協議し、高崎の連隊より三中隊を急に派遣」と記している。[72] 七月三日には宮中に参内して「栃木県谷中村残留家屋十三戸破壊の情況を奏上せり、此事たる特に奏上すべき程の問題にも非ざれども、新聞紙上に毎日登載に付序ながら奏上せしものなり、要するに法律を無視し、田中正造等の教唆によりて頑として動かざるものなり、百七十戸斗りの内僅かに十三戸は止りて動かず、依て破壊せしなり」と記している。[73] 「家屋十三戸破壊」とは、汚染された谷中村を渡良瀬川洪水対策と称して遊水池とする措置、すなわち谷中村の消滅である。内務大臣にとって最も重要な治安維持という職務を遂行し、古河家・古河鉱業の利益を擁護する冷徹で冷酷な記述である。

古河家寄附金による林学講堂、畜産学講堂など八棟は一九〇九年一一月二四日に落成し、一九一八年四月一日に東北帝国大学農科大学は独立して北海道帝国大学農科大学となった。佐藤昌介が総長に就いた。

「当時の農学校の縮小廃止論に抗して学校の再編拡大に奔走した」(『北大百年史　通説』)との佐藤昌介評は、「縮小廃止論」の把握においてやや過大——所管官庁として明瞭な札幌農学校縮小論を示したのは文部大臣井上毅のみであった——で、「学校の再編拡大に奔走した」という点で過小である。佐藤昌介は、高等専門教育機関再編の方向性を見据えながらあらゆる機会をとらえ、時に奇貨として、札幌農学校の拡大と帝国大学への再編に奔走した。

東北帝国大学農科大学は、古河家寄附金による端正な三層二階建て木造林学講堂二階正面に美しい篆書で「古河家寄贈」と木製のレリーフを飾った。佐藤昌介が古河家寄附金に言及することはなかったが、札幌農学校の帝国大学への昇格が、昇格運動、古河家の「宿志」、原敬の「尽力」、そして渡良瀬川流域農民と足尾銅山労働者の鼓動に連なっていたことを現在も「大書」している。(74)

(1) 北海道大学編『北大百年史　通説』(ぎょうせい、一九八二年、五八一頁)。高倉新一郎もわずかに「古く札幌農学校時代の佐藤昌介博士に端を発し」たと触れたに過ぎない。田中愼一の着眼が鋭い。なお、佐藤昌介の植民学については井上勝生の以下の論文を参照されたい。

①「佐藤昌介『植民論』講義ノート——植民学と札幌農学校」(『北海道大学文学部紀要』第四六巻第三号、一九九八年三月)

②「札幌農学校と植民学——佐藤昌介を中心として」(北海道大学百二十五年史編集室編『北大百二十五年史　論文・資料編』北海道大学、二〇〇三年)
③「佐藤昌介『植民論』初期講義ノート(上)　札幌農学校と植民学(二)」(『北海道大学文学研究科紀要』第一一五号、二〇〇五年二月)
④「佐藤昌介『植民論』初期講義ノート(中)　札幌農学校と植民学(三)」(『北海道大学文学研究科紀要』第一一六号、二〇〇五年七月)
⑤「札幌農学校と植民学の誕生——佐藤昌介を中心に」(『岩波講座　帝国日本の「学知」』第一巻、岩波書店、二〇〇六年)

(2)　以下のような佐藤昌介の評伝がある。
①藤井茂『北大の父佐藤昌介　北の大地に魅せられた男』(岩手日日新聞社、二〇〇六年)
②蝦名賢造『北海道大学の父佐藤昌介伝　その勇ましく高尚なる生涯』(西田書店、二〇〇七年)
③小笠原正明『佐藤昌介伝　北大を築いた南部人』(岩手日報社、二〇〇八年)

(3)　『北大百年史　通説』二六一頁。

(4)　前田蓮山『原敬』(時事通信社、一九五八年)、田中朝吉編『原敬全集』下巻(原敬全集刊行会、一九二九年)、山本四郎『評伝　原敬』上(東京創元社、一九九七年)、佐藤昌彦『佐藤昌介とその時代』(玄文社、一九四八年)、東京外国語学校編・発行『東京外国語学校沿革』(一九三二年)を参照した。

(5)　佐藤昌介は、七～一四歳には太田唯人塾(花巻)で「四書五経史伝習字」を、一四～一五歳には伊藤辨司塾(盛岡)で「経書史略講義作文詩作」を修得した(「退職者履歴資料一　2　明治　～二九」北海道大学大学文書館所蔵)。なお、作人館の教科書は、四書五経、老子、戦国策、史記、国史略、日本外史、神皇正統記、大日本史、古事記、万葉集などであった(文部省総務局編『日本教育史資料』壱、冨山房、一九〇三年、七〇〇―七〇六丁)。

(6) 原敬「修学歴控」(原敬文書研究会編『原敬関係文書』第四巻、日本放送出版協会、一九八五年、四四頁)。

(7) 一九二二年一一月九日付『小樽新聞』。

(8)「退職者履歴資料一 2 明治 ～二九」、『札幌農学校第五年報』(一八八一年、五一頁)。「諸局章程」(一八七五年一二月二五日制定)によれば、督学課は学校施設、教員考課、学校廃置、生徒増減、学科次第等を取り扱い(第三十条)、理事課は専ら経費を扱った(第三十一条)(『開拓使事業報告 附録布令類聚』上編、大蔵省、一八八五年、六二一―六二三頁)。

(9)「明治自十三年七月至十四年六月農学校園墾地表」(北海道大学編『北大百年史 札幌農学校史料(一)』ぎょうせい、一九八一年、五五二頁)。

(10) 中島九郎は、ブルックスのもとで「札幌農学校附属農場の事業を受持ち、本科一年級のために農業実習を担当した」と記している(中島九郎『佐藤昌介』四五頁)。ブルックス担当農業実習(マニュアル、レーボル〈manual labor〉)に佐藤昌介が携わっていたことは、一八八〇年に札幌農学校に入学した志賀重昂の日記にも記載がある。志賀は「午後例ニ因リ『マニュアル、レーボル』ニ行ク二時前前約ヲ蹈ミテ『ブルークス』氏『プラヲ』ヲ講説ス、……佐藤氏中間ニシテ代ル」(志賀重昂「在札幌農学校第貳年期中日記」一八八一年一〇月四日の条、亀井秀雄・松木博編著『朝天虹ヲ吐ク』北海道大学図書刊行会、一九九八年、一二五頁)と記している。

(11) 原敬「海内周遊日記 第八報」(田中朝吉編『原敬全集』上巻、原敬全集刊行会、一九二九年、一二七頁)。一八八一年一一月九日付『郵便報知新聞』掲載分タイトルには「海内周遊日記」とのみある(郵便報知新聞刊行会編『覆刻版 郵便報知新聞』二八、一九八一年、柏書房、五三頁)。

(12)　原敬「海内周遊日記　第八報」(『原敬全集』上巻、一二八頁)。「加藤某」は兵学・繰練を担当していた加藤重任である。加藤重任の在職期間は一八七八年一一月～八四年一一月(「武芸教員として陸軍少尉加藤重任譲受の件回答」『北大百年史　札幌農学校史料(一)』三七七頁、「本科及び予科時間割等提出の件」同前、五六七頁)。
(13)　『佐藤昌介とその時代』本書、六四頁。
(14)　一八八六年八月七日の条(原敬「日記」(二)、原敬文書研究会編『原敬関係文書』第五巻、日本放送出版協会、一九八六年、一四九頁)。
(15)　一八八六年一一月一九日の条(原敬「日記」(二)、同前、一五七頁)。
(16)　『北大百年史　札幌農学校史料(一)』五七〇頁。
(17)　「第一期授業時間割提出の件」(同前、五〇九―五一一頁)。
(18)　同前、五六九―五七〇頁。
(19)　同前、五七八―五七九頁。
(20)　同前、五七九頁。
(21)　北海道大学編『北大百年史　札幌農学校史料(二)』(ぎょうせい、一九八一年、二五―四四頁)。草稿である。
(22)　佐藤昌介「短篇自叙伝　北海道五十年」(『現代』第一二巻第三号、一九三一年三月、七一頁)。
(23)　「退職者履歴資料一　2　明治　～二九」。
(24)　高等教育機関一元化との政府の方針に、帝国大学が反対し文部大臣芳川顕正が説得した結果、一八九〇年に東京農林学校が帝国大学農科大学へと改編された。その経緯は、東京大学百年史編集委員会編『東京大学百年史　通史一』(東京大学、一九八四年、九四一―九四八頁)を参照されたい。

(25)『北大百年史　札幌農学校史料(二)』一二二一—一二二八頁。草稿である。

(26)「短篇自叙伝　北海道五十年」七一頁。

(27)『北大百年史　通説』九一—九二頁。

(28)『佐藤昌介とその時代』本書、九四—九五頁。

(29)「短篇自叙伝　北海道五十年」七一頁。

(30)同前、七二頁。『佐藤昌介とその時代』(本書、一〇六頁)は「井上は二十六《ママ》年に来道して各地を巡視して実況を見て、北海道庁の経費に一大斧鉞を加え、札幌農学校については先ず工学科の経費を削り、ついでその全経費までも削減してしまった。即ち札幌農学校は廃止の運命におかれたのであった」と記している。

佐藤昌介は、井上馨が札幌農学校予算を削減したのは「僕等の学校を出た若い者で、時の政府に反対した者がある。それが気に喰はないといふのでそんな学校は一層潰してしまへと云ふことになつたのださうだ。これは後から聞いた話である」と回想している(「短篇自叙伝　北海道五十年」七二頁)。学者としての節操と矜持からであろう、彼は「時の政府に反対した者」を詮索していない。

(31)『北大百年史　札幌農学校史料(二)』二六九—二七一頁。

(32)「札幌農学校ニ特別会計施行ノ件」(同前、三二一—三二三頁)。

(33)「父は特別会計法を改正して札幌農学校をその中に包含せしめるか、或は札幌農学校を文部省の主管に移転せしめるかの何れかを選ばなければならない事を主張し之を屡々当路者に申出でた」(『佐藤昌介とその時代』本書、一一四—一一五頁)との記述に従えば、佐藤昌介は専ら財政的安定方策を探っていたことになろうか。

(34)「短篇自叙伝　北海道五十年」七二頁。

(35)　海後宗臣編『井上毅の教育政策』(東京大学出版会、一九六八年、三〇五—三二五頁)。井上が「農科大学の実用を失ひて空理に流るゝの弊なきやうにすること」(「文教振興の基本要綱」)と『空理』を戒めている点は、分離案の理由をうかがわせるものがある」との寺崎昌男の指摘は的を射ている(三八六—三八七頁)。「四月ごろ」としたのは、一八九三年四月に農科大学教授らによる「農科大学ニ関スル意見」が提出されているからである。

(36)　同前、六一四—六一五頁。「簡易農学校規程」(一八九四年七月二五日公布)制定過程で、井上が起草した「簡易農学校規程」の「説明草案」に含まれている「農業教育機関系統」である。「農業教育機関系統」は「梧陰文庫」B—二八二五。

(37)　「農科大学農学科林学科獣医学科乙科規則」(『帝国大学一覧　従明治廿七年至明治廿八年』一八九五年、二五三—二六四丁)。

(38)　「帝国大学教官俸給令」(勅令第八十四号、一八九四年八月一一日)にもとづく細則として定めた分科大学の職務俸額は、文・法・理科大学は講座によって六五〇円・六〇〇円・五〇〇円・四〇〇円の四ランクとしたが、工科大学は六〇〇円・五〇〇円・四〇〇円、農科大学は五〇〇円・四五〇円・四〇〇円と三ランクとし、しかも低く抑えた(『井上毅の教育政策』三七三頁)。このような差は「学科深奥広博」「密察ナル修学」(「職務俸差等内規」)如何によっていた(同前、三七四—三七五頁)。

(39)　『北大百年史　札幌農学校史料(二)』三四一—三四四頁。原史料は「梧陰文庫」B—二七〇四。

(40)　『井上毅の教育政策』三八八頁。

(41)　同前、九—一一頁。

(42)　同前、一〇頁。

(43)　『佐藤昌介とその時代』は「此の危機は幸運によって救われた」(本書、一一七頁)と記しているが、佐藤昌彦は井上毅の重篤な肺患を知らなかったのであろうか。佐藤昌介は「所がその内西園寺さんが代わって文部大臣に」としか述べていない(『短篇自叙伝　北海道五十年』七二頁)。井上毅の文部大臣辞任は「肺患差重リ何分重任ニ堪へ難ク……」と官報に掲載された。農学校長は当然知っていたと考えるべきである。

(44) 一八九七年三月二六日付「本校教授弐名増員ニ付上申」(『北大百年史　札幌農学校史料(二)』四四〇頁)。

(45) 原敬は、北海道庁「北海道事業計画要旨」、同「北海道事業計画参考書」を手許に保存していた(原敬文書研究会編『原敬関係文書』第七巻、日本放送出版協会、一九八七年、五四七頁)。

(46) 一九〇六年一一月一七日の条(『原敬日記』第二巻続篇、四〇〇頁)。以下、『原敬日記』は乾元社版(原奎一郎編、一九五一年)によった。

(47) 稲田周之助稿(一九〇六年一二月)「古河家三大学寄附顚末」(原敬文書研究会編『原敬関係文書』別巻、日本放送出版協会、一九八九年、一六九頁)。原敬は一九〇六年七月二四日の日記に「昨日古河虎之助は小田川全之と共に来訪にて同人丁年に達したる後のこと等に関し相談ありしに因り、一応の意見を述べ且つ古河家に関する既往並に将来に関し篤と内話したり」(『原敬日記』第二巻続篇、三五八頁)と記している。

(48) 一九〇六年一一月三〇日の条(『原敬日記』第二巻続篇、四〇六頁)。

(49) 「古河家三大学寄附顚末」(『原敬関係文書』別巻、一七〇頁)。札幌区が一〇万円寄附を申し出ていたのを牧野伸顕は道庁寄附金と取り違えた。

(50) 同前、一七〇―一七一頁。

(51) 同前、一七三頁。

(52) 一九〇六年一二月一日の条(『原敬日記』第二巻続篇、四〇七頁)。

(53)「古河家三大学寄附顛末」(『原敬関係文書』別巻、一七五頁)。
(54) 一九〇六年一二月四日の条(『原敬日記』第二巻続篇、四一〇頁)。
(55) 一九〇六年一二月六日の条(同前、四一二頁)。
(56)「内相の努力と見るを至当」を強調すべく大きな活字を組んでいる。
(57)「古河家三大学寄附顛末」(『原敬関係文書』別巻、一八一頁)。『古河虎之助君伝』(古河虎之助君伝記編纂会編・発行、一九五三年)は、「三大学建築資金寄附」に一項を割き、「……古河家は、日本有数の大事業家でありながら、私的生活の面では只管質素簡朴を守つてゐたため、世間的には華々しき富豪としては取扱はれなかつたのであるが、三大学寄附の事があつてから、一躍して大富豪の班列に加へられた」(九一頁)と述べている。なお、原敬の献策については「国家文教の為に、私財を擲つべき絶好の機会であるとして勧奨したものであつた」(八七頁)と述べている。資料名を挙げてはいないが、記述は「古河家三大学寄附顛末」に沿っている。
(58)「足尾銅山足尾町労働至誠会政談演説会報告書」(労働運動史料委員会編『日本労働運動史料』第二巻、東京大学出版会、一九六三年、一九二頁)。報告書は一九〇七年一月八日、会社側が作成したものである。古河家では、『上州新報』が社説で「毒罵ヲ極メ」、群馬県議会で「足尾銅山鉱業停止建議案」が提出され、「同県水害土木工事経営ノ困難ト当家ノ三大学寄附ノ事トヲ対照シテ喧噪ヲ極メタリト云フ皆地方的感情ニ出タルモノナラン」と記録していた(「古河家三大学寄附顛末」『原敬関係文書』別巻、一八一頁)。二村一夫『足尾暴動の史的分析』(東京大学出版会、一九八八年、五〇―五二頁)も参照した。
(59)「高等教育会議召集」(『教育時論』第七八〇号、一九〇六年一二月、三八頁)、「高等教育会議特別委員」(同第七八一号、一九〇六年一二月、三四頁)。いずれも「時事彙報」欄。
(60) 佐藤昌介「雑録　明治卅拾九年一月(1906)　於札幌」(北海道大学大学文書館所蔵)。

(61)「古河家三大学寄附顚末」(『原敬関係文書』別巻、一八〇頁)。
(62)「札幌大学の施設」(『教育時論』第七八二号、一九〇七年一月、六五頁)。
(63)一九〇七年八月一三日の条(『原敬日記』第三巻、八六頁)。
(64)一九〇七年八月一二日の条(佐藤昌介「日記　明治四拾年一月(1907)　於札幌」北海道大学大学文書館所蔵)。一九〇七年八月一三日付『北海タイムス』は、「野幌に出迎したるは青木区長、野村鉄道管理局長、佐藤農学校長、阿部宇之八の諸氏にして四時四十五分当区に到着」と報じた。
(65)一九〇七年八月一四日付『北海タイムス』。
(66)一九〇七年八月一五日の条(『原敬日記』第三巻、八七頁)。
(67)一九〇七年八月一三日の条(佐藤昌介「日記　明治四拾年一月(1907)　於札幌」)。
(68)『北大百年史　通説』一〇七三頁。
(69)同前、一〇七一―一〇七二頁。
(70)古河家寄附金については、わずかに「短篇自叙伝　北海道五十年」(七三頁)に以下のような回想を見出せるのみである。

……札幌農学校を中心として北海道に一の大学を起さなければならぬといふことの与論が起つて来た。其際に偶々ホルマン家から百万円の寄附もあつて、九州、東北、北海道にその寄附が均霑をされ……(傍点は引用者)

古河家寄附金は、ひとびとの記憶にも新しいのに「ホルマン家から百万円の寄附」とはいかにも奇妙な記述である。さすがに『佐藤昌介とその時代』は、「偶々古河家から百万円の寄附もあって、九州、東北、北海道にその寄附が均霑され……」(本書一一八―一一九頁)と記している。しかし、本文に詳述したように、古河家寄附金は「偶々」ではなかった。

東北帝国大学理科大学発足に際して、総長澤柳政太郎は『読売新聞』(一九一一年九月一一日付朝刊)に論議「東北帝国大学に就いて」を著している。澤柳政太郎は、原敬の「斡旋」と宮城県寄附金に触れながら、「予は我理科大学授業開始の本日に於て深厚なる感謝の意を古河家並に宮城県に致さんと欲す」と述べていた(読売新聞社「ヨミダス歴史館」によった)。佐藤昌介とは実に対照的である。

(71) 『足尾暴動の史的分析』七二―八二頁。

(72) 一九〇七年二月七日の条(『原敬日記』第三巻、二四頁)。天皇へ報告したという件りである。

(73) 一九〇七年七月三日の条(同前、七四頁)。足尾鉱毒事件については、鹿野政直編『足尾鉱毒事件研究』(三一書房、一九七四年)と、『明治文献資料叢書』社会主義篇一(明治文献、一九六三年)所収の荒畑寒村『谷中村滅亡史』(平民書房、一九〇七年)を参照した。

(74) 古河家寄附金による九州帝国大学工科大学、東北帝国大学理科大学、東北帝国大学農科大学の建築物中、現存するのは東北帝国大学農科大学林学講堂のみである。現在、北海道大学では「古河講堂」と称している。

あとがき

◇佐藤昌彦(一九〇〇〜一九九〇年、佐藤昌介五男で嗣子)が著した『佐藤昌介とその時代』(玄文社、一九四八年)の復刊を企図したのは、同書を所蔵している図書館は少ない、古書店でも入手が困難である、流布している数点の佐藤昌介評伝の「底本」である、という諸事情を勘案してのことである。一方、法人化後の国立大学はアイデンティティの形成を強く求められている。アイデンティティのよりどころは、「建学の精神」と大学の歴史、輩出した人物像である。北海道大学の場合、既に人口に膾炙しているクラーク、内村鑑三、新渡戸稲造、宮部金吾らに伍すべきは、クラークの謦咳に接した札幌農学校第一期生にして初代総長に就いた佐藤昌介をおいてはいない。彼こそが、札幌農学校建学の精神(開学式でクラークが述べた「高邁な大志」)と北大の歴史を体現した人物である。

◇復刊に際して、北海道大学大学文書館における資料調査・収集と研究の進展を「増補」した。冒頭に有島生馬が一九一二年に描いた佐藤昌介五六歳の肖像画を配した。「札幌農学校の再編・昇格と佐藤昌介」は、『北大百年史』が概略的にしか記述していない、札幌農学校から北海道帝国大学にいたる「大学史」において佐藤昌介が果たした役割を鮮明にした。「米国通信」と「解説」は、佐藤昌介のアメリカ合衆国留学経緯を初めて究明した論考である。「略年譜」は履歴資料を踏まえて可能な限り精緻にした。「佐藤昌介主要論著一覧」は、嚆矢といっても過言ではなかろう。五編の回想と写真は探せないこともないが、探索は相当に煩瑣であるので、「増補」の一部とした。いずれも佐藤昌介の「人生」のイメージを広げるはずである。

◇増補・復刊版を刊行するにいたった経緯として、佐藤カツミさん、ユリさんと北海道大学大学文書館員の交流を記しておかなければならない。

大学文書館が佐藤昌介遺族と接した最初は、佐藤昌彦養女ユリさんへ、逸見勝亮「札幌農学校の再編・昇格と佐藤昌介」を載せた『北海道大学大学文書館年報』第二号(二〇〇七年三月)と書簡とを、送ったことであった。二〇〇七年四月五日のことである。

以下は、佐藤邸訪問記録概略。

二〇〇七年四月一三日、山本美穂子大学文書館員が佐藤邸に電話をかけ、四月二五日に訪問する許しを得た。四月二五日、山本は佐藤昌彦夫人カツミさんならびにユリさんを訪ね、大学文書館の活動内容を説明するとともに、資料提供を依頼した。

二〇〇七年七月二五日、山本が訪問し、ユリさんから納戸保管文書の取り扱いの相談を受け、翌二六日から二七日にかけて納戸の調査と整理を行った。

二〇〇七年七月二七日、佐藤カツミさんから、「佐藤昌介日記」(一九三七年)、佐藤昌介旧蔵新聞記事スクラップブック、佐藤昌彦日誌一五点、第三回国際オリンピック冬季競技大会(米国レークプラシッド)スケート競技関係新聞記事スクラップブック(昌彦は監督を務めた)などの資料を受贈した。

二〇〇七年八月二七日、佐藤カツミさんが逝去され、九月一四日、山本が弔問し、札幌市清田区里塚霊園における佐藤カツミさんの納骨式(一〇月二五日)にも参列した。

二〇〇八年には、山本が五月二一日と九月一日、逸見が六月七日に佐藤ユリさんを訪ねた。

二〇〇九年二月一八日、佐藤ユリさんを訪ねた山本は、カツミさん旧蔵の『佐藤昌介とその時代』を受贈した。表紙裏にはカツミさん宛の献呈文(別掲)があった。一〇月二一日に山本が訪ねた。

二〇一〇年四月二一日、山本・逸見が訪問し、『佐藤昌介とその時代』増補・復刊版の梗概を説明して、刊行の了解を得た。お邪魔すれば必ず茶を点ててくださったのに加えて、この日は茶会簡略版の接待に預かった。ユリさんは裏千家の優しいが厳しい教授であられる。

ふたりは俄弟子で不調法そのもの。

一〇月三〇日には山本、一二月一日には山本と山本学（北海道大学大学院情報科学研究科准教授）が訪問した。山本学が、佐藤邸応接間に架けてある佐藤昌介肖像画を撮影した。本書冒頭に飾るためである。掲載に際しては、有島明朗氏の御了解を得られたことに感謝申し上げる。

◇刊行日を八月一四日とした。一三五年前のこの日、札幌農学校が開校し、佐藤昌介が入学した。

◇刊行に際しては、北海道大学農学振興会の刊行助成を頂戴した。助成なくば本書刊行は不可能であった。深甚の感謝を申し上げる。北海道大学出版会の労にも深く感謝申し上げる。

逸見勝亮（前北海道大学理事・副学長・大学文書館長）

佐藤昌彦(さとう まさひこ)

1900年　札幌に生まれる
1925年　東京帝国大学法学部卒業
1927年　北海道帝国大学農学部講師(後に助教授)
以後、札幌高等裁判所判事、東京家庭裁判所判事、東北学院大学教授、宮城学院長などを歴任
1981年　法学博士(「西洋刑法学説と牧野刑法学説との関係の研究」、青山学院大学)
1990年　没

佐藤昌介とその時代[増補・復刊]

2011年8月14日　第1刷発行

著　者　佐藤昌彦
編　者　北海道大学大学文書館
発行者　吉田克己

発行所　北海道大学出版会
札幌市北区北9条西8丁目 北海道大学構内(〒060-0809)
Tel. 011(747)2308・Fax. 011(736)8605・http://www.hup.gr.jp

アイワード

ISBN978-4-8329-3378-1

佐藤昌介略年譜

年	年齢	履　歴
1856年	0歳	安政3年11月24日、陸中国稗貫郡花巻(現岩手県花巻市)に、南部藩士佐藤昌蔵の長男として生まれる(幼名謙太郎)
1862年	6歳	1月、太田唯人につき漢学を学ぶ
1869年	13歳	4月、岩手郡盛岡に転居、伊藤辨司に漢学・習字を学ぶ
1870年	14歳	1月、藩校作人館で漢学を修業(同窓に原敬らがいた)
1871年	15歳	1月、上京して3月から東京府深川の小笠原賢蔵の塾で英学を修業
		5月、大学南校で英学を修業
1872年	16歳	1月、横浜の修文館で英学を修業。横浜公会に通い植村正久・本多庸一と共にプロテスタント宣教師J. H. バラの説教を聴く
		5月、盛岡に帰郷
1873年	17歳	8月、再上京
1874年	18歳	3月、東京外国語学校(12月に東京英語学校に改組)へ入学し英語・漢学を修業
1876年	20歳	7月、東京英語学校英語学下等教科を卒業(同窓に高田早苗らがいた)。札幌農学校官費生徒となり、W. S. クラーク等と共に札幌に渡る
		8月、札幌農学校開校、第1期生として入学
1877年	21歳	3月、他の第1期生と共にW. S. クラークが草した「イエスを信ずる者の契約」に署名(札幌バンドの発足)
		9月、函館のメソジスト教会宣教師M. C. ハリスから受洗
1880年	24歳	7月、札幌農学校を第1期生として卒業(卒業演説「北海道殖民論」)、農学士の学位を受ける。開拓使御用係とな

		る(10月から学務局督学課兼理事課勤務)
1881年	25歳	7月、稲田邦植(元徳島藩家老、元淡路島本洲城主)妹の陽と結婚
1882年	26歳	3月、開拓使廃止に伴い、農商務省御用係となる
		7月、農商務省を辞し、私費でアメリカへ渡る
		8月、ニューヨーク州マウンテンヴィル(Mountainville)のホートン(Haughton)牧場に1年間滞在
1883年	27歳	9月、メリーランド州ボルチモアのジョンズ・ホプキンス(Johns Hopkins)大学に入学
		12月、農商務省御用係となり留学手当の支給を受ける
1884年	28歳	12月、ジョンズ・ホプキンス大学礼遇研究生となる
1885年	29歳	6月、4カ月にわたりドイツへ自費留学
1886年	30歳	3月、北海道庁設置に伴い、北海道庁属となる
		6月、ジョンズ・ホプキンス大学でPh. D.を取得
		8月、帰国し、北海道庁属として勤務
		11月、「札幌農学校ノ組織改正ノ意見」を岩村通俊北海道庁長官に提出
		12月、札幌農学校教授
1887年	31歳	3月、札幌農学校幹事兼任
1888年	32歳	11月、論文「大農論」を『農学会会報』第3号に発表
		「北海道殖民地ニ農学校ヲ必要トスルノ意見」を森有礼文部大臣に提出
1889年	33歳	スミス女学校(後の北星女学校)顧問(～1893年)
1890年	34歳	札幌村(現札幌市東区苗穂)に200町歩の国有未開地払い下げを受け、佐藤農場を経営
1891年	35歳	1月、「殖民史」講義開講(日本における植民学の嚆矢)
		5月、Richard Theodore Ely "An Introduction to Political Economy"を『威氏経済学』として翻訳出版
		8月、札幌農学校校長心得・教授
1892年	36歳	12月、札幌美以教会に所属(従来は青山美以教会に所属し、札幌独立基督教会に行っていた)
		「札幌農学校ニ特別会計法ヲ施行スルノ議」を渡辺千秋北海道庁長官に提出

1894 年	38 歳	4 月、札幌農学校校長・教授
1898 年	42 歳	1 月、「札幌農学校拡張意見書」を西園寺公望文部大臣に提出
		4 月、「札幌農学校ノ北海道拓殖ニ及ホセル功績」を小山健三文部省実業教育局長に提出
1899 年	43 歳	3 月、東京帝国大学の推薦により農学博士の学位を受ける
1900 年	44 歳	9 月、高等教育会議議員
		12 月、北海道農会会長(～1908 年 4 月)
1903 年	47 歳	8 月、農業事情視察のため露清地方(中国東北部)に出張(～ 9 月)
1907 年	51 歳	9 月、東北帝国大学農科大学学長・教授となり、農学第二講座担任(～1914 年 3 月)
1908 年	52 歳	10 月、台湾縦貫鉄道全通式参列のため台湾に出張
1910 年	54 歳	4 月、講義録『農業史』を学生が刊行、頒布
		6 月、工科大学設置意向表明の記事を『北海道タイムス』が掲載
		11 月、帝国農会特別議員(～1913 年 3 月)
1913 年	57 歳	6 月、大日本山林会名誉会員
		8 月、視察のため満州に出張
		12 月、アメリカのカーネギー平和財団の招聘により第 2 回日米交換教授としてアメリカへ出張(～1914 年 8 月)
1914 年	58 歳	8 月、農学第二講座担任
1915 年	59 歳	6 月、領台 20 年紀念講演会臨席と学術研究のため台湾に出張
1917 年	60 歳	6 月、東京女子大学理事
1918 年	62 歳	4 月、北海道帝国大学総長、北海道帝国大学農科大学長(～1919 年 3 月)
1921 年	65 歳	6 月、朝鮮・台湾を旅行
1924 年	68 歳	7 月、理学部・法文学部設置意向表明の記事を『北海タイムス』が掲載
1926 年	70 歳	1 月、遺愛女学校理事
		4 月、大日本農会名誉会員

1928年	72歳	6月、アメリカのオハイオ・ウェスレイアン(Wesleyan)大学から名誉法学博士号を受ける 11月、男爵を受爵
1930年	74歳	12月、北海道帝国大学総長を辞任
1931年	75歳	3月、北海道帝国大学名誉教授
1932年	76歳	6月、北海道帝国大学が学内に佐藤昌介胸像を設置 11月、北海道農会会長(～1939年6月)
1933年	77歳	11月、遺愛女学校理事長(～1939年6月)
1934年	78歳	4月、八紘学院院長(～1938年3月)
1935年	79年	7月、稲田昌植と共著で『世界農業史論』を出版
1936年	80歳	5月、ロータリー国際大会出席のため、アメリカ・カナダへ出張(～8月)
1939年	83歳	6月5日、逝去、8日に北海道帝国大学がキリスト教形式で大学葬を挙行

〔出典〕佐藤昌彦『佐藤昌介とその時代』、『北大百年史』、『札幌同窓会報告』、『北海道農会報』第464号、『遺愛百年史』、『北星学園百年史』、『東京女子大学五十年史』、『札幌独立キリスト教会百年の歩み』、『札幌教会百年の歩み』、北海道大学大学文書館所蔵履歴資料

佐藤昌介主要論著一覧

- 「肥培の緊要なるを論ず」(『農業叢談』第 2 号、1880 年 2 月)
- 「専農と通農の得失」(『農業叢談』第 3 号、1880 年 3 月)
- 「開墾地区画及び其取扱方を論ず」(『農業叢談』第 4 号、1880 年 4 月)
- 「渡島地方開拓総論」(『農業叢談』第 7 、8 、9 、10、11、12 号、1880 年 7 、8 、9 、10、11、12 月)
- 「貿易の権衡を得んと欲せは須く農産を起すべし」(『農業叢談』第 16 号、1881 年 4 月)
- 'History of the Land Question in the United States', *The Johns Hopkins University studies in historical and political science, 4th ser. no.7-9*, Baltimore: N. Murray, publication agent, Johns Hopkins University, 1886.(「アメリカにおける土地問題の歴史」)
- 「大農論」(『農学会会報』第 3 号、1888 年 11 月)
- 「殖民論」(『殖民雑誌』第 1 号、1889 年 5 月)
- 「北海道ノ移住ト外国ノ出稼」(『殖民雑誌』第 2 号、1889 年 7 月)
- 「日本農業の改良と北海道殖民との関係」(『殖民雑誌』第 3 号、1889 年 8 月)
- 「小作農業の改良を論して北海道の殖民に及ふ」(『殖民雑誌』第 3 、4 号、1889 年 8 、9 月)
- 「北海道の農業」(『北海之殖産』第 1 号、1890 年 3 月)
- 「労力者の移住」(『北海之殖産』第 3 号、1890 年 6 月)
- 「北海道の備荒策に就いて」(『北海之殖産』第 5 号、1890 年 8 月)
- 「北海道農業之進歩」(『北海之殖産』第 7 号、1891 年 2 月)
- 「小作農業ヲ論ス」(『北海之殖産』第 7 、8 、12、13 号、1891 年 2 、3 、7 、8 月)
- 『威氏経済学』(丸善商社書籍店、1891 年 5 月)
  An introduction to political economy by Richard T. Ely, New York, Chautauqua Press, 1889.
- 「農業ノ進化」(『北海道毎日新聞』1891 年 8 月 15 日)

・「米国土地払下仕末の一班」(『北海之殖産』第16号、1891年11月)
・「農業組合に就て」(『北海之殖産』第22、23号、1892年4、5月)
・「北海道の農業振興に就きて」(『北海之殖産』第31号、1893年1月)
・「実業の発展に就て」(『蕙林』第6号、1893年7月)
・「北海道特有農産物に就て」(『北海之殖産』第48号、1894年6月)
・「経済史一班」(『蕙林』第14、15、16、17号、『学芸会雑誌』第19、20号、1895年2、4、6、9月、1896年4、6月)
・「農工銀行に就て」(『北海之殖産』第70号、1896年4月)
・「北海道農工銀行の設立に就て(其一完結)」(『北海之殖産』第76号、1896年10月)
・「北海道農家の覚悟(農芸伝習科同窓農友会に於て)」(『北海之殖産』第79号、1897年1月/『農友会雑誌』第5、6号、1897年7月、1898年6月)
・「農学の鼻祖テーア氏の効績」(『北海之殖産』第85号、1897年7月)
・「北海道農業の改善策」(『北海之殖産』第104号、1899年2月)
・「農林に関する建議」(『北海之殖産』第106号、1899年4月)
・「旅行に就き所感を述ぶ」(『北海之殖産』第109号、1899年7月)
・「北海道農業進歩の話」一、二(『国本』第19、20号、1901年1、2月)
・「農会に対する希望」(『北海道農会報』第1、2、3、4号、1901年1、2、3、4月)
・「農政の大本」(『出雲大社農会報』第12号、1901年7月)
・「農村に於ける農事教育に就きて」(『北海道農会報』第2巻第15号、1902年3月)
・「我邦農業ノ前途ニ就テ」(『札幌農学会報』第3巻、1902年4月/『北海道農会報』第2巻第16号、1903年2月)
・「実業教育に就て(北海道教育会に於て)」(『北海道農会報』第2巻第23号、1902年11月)
・「国富増進の急務を論じて敢て有為の青年に望む」(『国士』第52号、1903年1月)
・「農村経済策」(『札幌農学会々報』第4巻、1903年5月/『北海道農会報』第3巻第32号、1903年8月)
・「日本青年と農業」(『北海道農会報』第3巻第33号、1903年9月)
・「露情視察談」(『北海道農会報』第4巻第37号、1904年1月)

・「戦時北海道農民ノ覚悟」(『北海道農会報』号外、1904 年 5 月)
・「戦後に於ける北海道人士の経論策は如何」(『函館新聞』1904 年 10 月 12 日)
・「燕麦問題に就て」(『北海道農会報』第 4 巻第 48 号、1904 年 12 月 28 日)
・「戦後の経済政策」(『北海タイムス』1905 年 3 月 21 日)
・「論説　畜産に就いて」(『北鳴新報』1905 年 6 月 15 日)
・「農事改良と畜産教育」(『北海道農会報』第 5 巻第 56 号、1905 年 8 月)
・「北海道に於ける戦後の経済的方針に就いて」(『小樽新聞』1906 年 1 月 1 日)
・「戦後北海道経営の方針」(『農業世界』第 6 巻第 1 号、1906 年 1 月／『北海道農会報』第 6 巻第 61 号、1906 年 1 月)
・「何を以て我国農業界の積弊を救済すべき」(『農業世界』第 1 巻第 6 号、1906 年 3 月)
・「日露貿易に関して農工業者に告ぐ」(『北海道農会報』第 6 巻第 66 号、1906 年 3 月)
・「移民事業に新局面を開くの急務」(『農事雑報』第 100 号、1906 年 8 月／『北海道農会報』第 6 巻第 69 号、1906 年 9 月)
・「農政統一論」(『農業世界』第 2 巻第 6 号、1907 年 5 月)
・「農政上に欠けたる要素」(『農業世界』第 2 巻第 13 号、1907 年 11 月)
・「畜牛の将来」(『北海道農会報』第 8 巻第 85 号、1908 年 1 月)
・「北海道誌」(大隈重信撰・副島八十六編『開国五十年史』下巻、開国五十年史発行所、1908 年 2 月)
・「我国は遂に米穀を自給し能はざる乎」(『農業世界』第 3 巻第 6 号、1908 年 5 月／『北海道農会報』第 8 巻第 90 号、1908 年 6 月)
・「誰か殖民事業を難しと云ふか」(『農業世界』第 3 巻第 10 号、1908 年 9 月)
・「北海道農会報第壱百号の発刊を祝し併せて将来の希望を述ぶ」(『北海道農会報』第 9 巻第 100 号、1909 年 4 月)
・『農業史』 3 冊(私家版、1910 年〜)
・「北海道の農業金融に就て」(『北海道農会報』第 10 巻第 118、119 号、1910 年 10、11 月)
・「東北の農と工と商　将来孰れを最も重んず可きか」(『小樽新聞』1913

年1月）
・「農村改良問題」（『北海道農会報』第13巻5号、1913年5月）
・「鮮満旅行土産」上、中、下（『北海タイムス』1913年9月）
・「凶作に対する教訓」（『北海道農会報』第13巻10号、1913年10月）
・「英仏独露の農業」（『世界』第9巻12号、1914年9月）
・「欧州戦争と英国の農業」（『北海道農会報』第15巻第1号、1915年1月）
・「農業進歩の大勢」（『台湾農事報』第105号、1915年8月）
・「本道農業の改善」（『北海之農友』第7巻第11号、1915年11月）
・「日本米は世界商品たること能はざるや」（『大日本農会報』第413号、1915年11月）
・*Some Historical Phases of Modern Japan.*（「現代日本の歴史的諸相」、私家版、1915年）
・「土地に復帰せよ」（『農業世界』第10巻第16号、1915年）
・「北海道文明史」（『北海新報』1916年5月29日）
・「農村救済の根本問題」（『日本農業雑誌』第12巻第11号、1916年11月）
・「農業の本領と革新」（『北海タイムス』1917年1月1、3、5日）
・「資本と労働の調和するには根本政策の講究をし適切なる施設を立て」（『労働』1919年9月10日）
・「植民政策樹立の急務」（『小樽新聞』1921年1月1日）
・「ワシントン会議に於ける我国の植民政府」（『小樽新聞』1922年1月1日）
・「女子教育の急務　家庭内の圧迫から解放へ」（『相互新聞』1922年11月1日）
・「農業救済問題の根本基調」（『小樽新聞』1923年1月1日）
・「場当たり農政の非を論ず」（『農政研究』第2巻第2号、1923年2月）
・「地主組合に対する感想」（『農政研究』第3巻第8号、1924年8月）
・「国辱から国栄へ—— 一九二四年七月一日以降の覚悟」（『文化生活』第2巻第9号、1924年9月）
・「殖民事業と生活難救済」（『文化生活』第3巻第5号、1925年5月）
・「大正十五年に於ける本道農家の覚悟如何」（『農友』第18巻第1号、1926年1月）

・「消費経済の科学的応用」(『文化生活』第4巻第2号、1926年2月)
・「都会と農村　現今世界の趨勢　その文化の程度の懸隔と将来に於ける対策」(『北海タイムス』1927年1月1日)
・「農村文化と経済問題」(『文化生活』第5巻第2号、1927年2月)
・「東北振興について」(『秋田魁新聞』1930年7月18、19日)
・「自力更生　本道農業を建直す」(『農友』第24年第12号、1932年12月)
・「農業立国の根本政策」(北海道協会編『満蒙と北洋』、1933年)
・「北海道の側面観」(『帝国鉄道協会々報』第34巻第7号、1933年7月)
・「余の体験せる農業教育」(『農業と経済』第1巻第8号、1934年8月)
・「本道拓殖の根幹部は飽迄農業中心　作物を按配・農村工業化」(『北海タイムス』1934年11月11日)
・『世界農業史論』(稲田昌植と共著、西ヶ原刊行会、1935年7月)
・「時局と本道農業(昭和12年12月10日全道農会長会議ニ於ケル講演)」(『北海道農会報』第38巻第2号、1938年2月)
・「銃後農村指導者の使命(昭和12年12月13日全道農会指導者会議に於ける講演筆記)」(『北海道農会報』第38巻第3号、1938年3月)
・「精神を緊張して農業報国に進まん」(『北海道農業』第31巻第1号、1939年1月)
・「麦酒用大麦の増収を期待す」(『北海道農業』第31巻第4号、1939年4月)